唐君毅全集卷二十五

致廷光書

臺灣學生書局印行

目錄

致廷光書

上篇（婚前）

下篇（婚後）

一九六五年（韓國：應邀出席韓國高麗大學六十週年紀念學術會議）

致廷光書上篇（婚前）

致逢光書

本書由唐夫人謝廷光（方回）編定，原收作者婚前書信二十六封，一九八三年五月由臺灣學生書局初版。編入全集時，唐夫人增收作者婚後書信八十七封，改編全書分爲上篇（婚前）、下篇（婚後），並重新作了校訂。

第一信

（原件複製）

廷光妹：

去年家母同令兄紹宋兩姑提到我們的婚事，我因一向埋事于學問，常覺此類事之增加累贅。所以好多年來都是違悖母親之意。但令兄是十年來之朋友，妹在會間也曾往來年之久，當能與家母相得，且屢讀妹與家母及舍妹之函，深佩其意念真切，與流俗人大不相同，所以覺緣願意。因為我想人只要在精神上能互相勉勵，求人生之向上，則婚姻也可互相幫助。我們，母親同我談幾次後，便答應了。請來又由令乙徵求她之同意。昨日老伯到成都來會見，也很贊成此事。去老伯之意，關於舊式方法決定，但令乙欲母及弟之意，還是應該由我們彼此增加了解，暑期以後會面時，用舊式之形式定為好。我以為

乙

把它就直接同你通信，你該也不會見怪吧。

紹棠之是我多年的朋友，由他又同令兄斯駿交好，斯駿前同我說過，特兼有你們二人之長。雖然我比你年齡長，在某方面的知識或許稍多，但是朋友間的結合[illegible]主要的是合於性情有互相較量之處，以我同令兄之交好，假設不是社會上有許多已成的習俗，我們應當早成朋友了吧。現在母親回念之所提到的事，不過換一種方式來成朋友而已。

我從十四五歲以後，因為父親的教訓即有志于學問。記得在十五歲生日那一天，曾經含著眼淚作了幾首要立定志向的什麼詩。以後雖然時覺精神懈怠，但大體上總是向著一方向去。在我本來造學問的意

雖還是不精但可爲代表
於三四年前的生活、新而又
比較真之一覽

了、

思並不是重在認識，生活的充實人格的完成
一個是我爲了究竟的目標。假若將來
倘有機會看我十四年來的日記，當可知道，只是
因爲我自己素與社會一般人不大合得來，而十年來
都是一人在外漂蕩，雖然到處都有朋友，也時有
人稱讚我。但精神上總感着一種悲涼逼
造成一種孤介的性格，好的指摘隨筆便是在
這種情調下寫的。悲涼的情緒到底是不健

生的情緒，孤介的性格，形成不及和平溫潤的性格。所以近數年來逐逐漸加以改變，對于一般社會上的人，鄙棄的意思漸少，而悲憫的意思加以引導的意思漸多。尤其是去年回川後覺得家庭生活的慰藉，覺得生活更和適不少，快愉不少。一般人只求享樂是不對的，但是精神上的快愉對于心靈的開展有極大的關係，若求心靈的開展而增加精神上的快愉，我想也不算不對吧。所以我想做為我的家庭生活能更美滿一些，我的心靈將有更大的開展，也許捐棄隨筆一類的東西當不會再寫而從更積極的方向去生活了。

至于從純粹藝術方面說，我的興趣，偏在哲學，文學對我只是欣賞而已。哲學儘管使我受過許多苦痛，然而牠到底是可愛的。宇宙人生微妙的道理，儘夠令人玩味不盡。道[illegible]可樂，真是不儘其次中國真正的哲學家太少了。我想中國應該多有幾個，許多朋友于此鼓勵我扶持我成（他們所希望的一個）那理想。我自己也漸漸相信自己真能。因為哲學的天才，其可貴在能常常自始至永遠有像婦人小孩子那樣的心，那樣好奇，那樣新鮮。我想我是有的。我想只要假以年歲，使我再能到他處讀書，於此些有特殊之成就，亦意中事矣，又何難哉。你們不笑我誇大嗎？

5

至于我對于國家民族我想在教育上貢獻我的力量，關于這點說來話長。以後再說。在最近我能作的了，只是辦青光日刊，辦此刊所費點點精神不少，也算我對國家民族的盡的一些責任。前家母曾寄數份來，你看了有何見教？

我對我的弟妹，我當盡我的力培養他們達一種專門的學問，他們都有志做人，都不安于平民、

此信他人未見
不要多與他人看
因他恐不能見或
信又是白話
務希望你回信不
要拘執願意做你
自己的選擇一處方

所以我們宜專盡我們的責任使他們有專長所
以我希望朋友們時時也如此。聽說你要轉
學科想這是很好。因為教育學院辦得不好是
不能發展人的才能的，而且不好，四年學費，教書去了。
以上恒年寫來，拉雜得很，字太潦草，尤為慚愧
秋可不知意如何？甚望告知。文園予
得家兄之家母所談之事本身，時時感想怎樣的
此事最初雖係出於順家庭之意，但此了之定成全
責任，此自然之理，同情，不容干涉人為的
我想應多通信才對。如果你不願別人看見你的信可交
中西女塾中華西大學教書十二樣轉當你由中華南中轉 候
弟君勸上 廿四年十月六日
從前聽說多病，近來身體如何？

第卅信

（原件複製）

來文　字第　號

教育部簽呈用紙(第　頁)

批示

光妹：我現在完全自一月多以來的苦痛中解放出來了，我告訴你，我昨夜作了個偉大的夢，讓我告訴你，不要再替我耽憂了。

我昨夜做的夢，夢醒一身是很可怕，我夢見我在一嚴冬的廣原上行走，四野都是衰草，一望無際，天上滿漫着陰雲，罩覆着黯黯不見一個人，我孤孤的獨行着，我望着那黯淡的長空，我想飛上去，但是我之初天梯在何處，去路已不可得，我們有無限的思傷，忽然我的自地上飛昇起，一直便踏上層層的陰雲，我上至高處，忽然（不料）天上來不意散的冰雪，電霆自四方向我射擊，她一道我身傳之化有火奔

中華民國　年　月　日

來文　字第　號

撒赤向太空四散紛飛不著於身，身也使我覺得仍在人間的上騰
將我們一身氣，氣上升，漸漸透過層層的浮雲，於是落到一地方
我看地都是白玉砌成，萬家樓閣，在太空十個明月佈置上儼如
白晝，晝光明出而莫有一點白晝，黃鶯清風吹來又暖和又清涼，如音見
多少亭臺樓閣，都是水晶作成，紅紅都是奇花異草，嘉樹森林
林林之鳥唱，看人間萬里動歌，高入雲霄，如慢慢的走過，過橋便遠遠
的看見前面一廣場，有許多青年男女在那裏，慢慢看看我，看他們都
很沈靜很嚴肅的看看，我聽著他們在唱歌，唱的是字句，讚美詩樣子是
走向前面，不忽然那廣場不見了，化為一巍巍城樓，北金光輝煌的宮宇

來文　字第　二　號

教育部箋呈用紙（第　頁）

挑未我走進入廟宇之內，一番莊嚴神秘的氣象，令人感着非常靜穆，
參詣。我走進廟中，等一番都不見一個神，我一直走到大殿，似乎看見像我們
所沒有見過的一個仙翁，忽然從門後出來，一個仙風道骨的老人，他的鬍鬚眉毛都白了，
目中露出非常慈祥和藹的光，他似乎與我極相熟，他招一招手，我便向前去了，
我聽着他口裡滿着意義周備而高深的多話，我忽然精神振起來，不覺跪下
了。因為我忽然覺得他就是我所求的真美善之化成的肉身，當我跪下
時，我忽然想到我的身子，經過到烏雲時，一身已打濕着了，並且自己也非常慚
愧，不配到此神聖的地方來，但是我剛跪下，我即看見我身上之衣服
完全換了，我穿的衣似乎是彩霞做成，我的手好似晚霞裏的雲彩做成

中華民國　　年　　月　　日

批示
你要防你的手通體透明，莫有一點人間的污穢，收起來罷的
腳下的塵，都是人間的塵埃，鞋着你的手，將要逗誘，但是當他將說未說時我
忽然發現我們他已不是在宇宙間是在一青天的郊原中，他卻是攀起手
指着自然說道
一你瞧，你看一切的草木青來要發芽換上新的衣裳，你看鳥獸
要換毛，蛇要脫皮，西西整個的大地都要換上新裝，一切宇宙的東西都
時更新他自己，無時不一新，那的宇宙時時刻刻是一新的宇宙，宇宙是永遠在
日新月新日日新，何況人呢？你不要奇怪你污穢的衣裳會急於換去
這原是宇宙的例律，孩子，人不能如草木之年年發芽，鳥獸之換毛蛻殼

蛇未脫皮，但是人有更偉大的能力，即人能不斷的求其精神之再生，新陳舊自諸向進那一嶄新的自我。孩子，生命是一條奔著的長流，永遠向前開創著。生命的意義在回憶與未來，不再回想過去。過去的了已過去便不復再來，你過去有苦痛也罷，過錯也罷，但是那一切的一切已過去了。孩子，你看河中的波濤，後浪推前浪，前浪便消滅了，不再有那不斷向前流的波濤，只是一貫。你要有如第一生命的時候，把過去截斷，不要再讓過去來擾亂你的現在與未來。你生命的流不需逆流，你看那逆流的水，造成洄水沱，會打壞多少的田畝，造成多少損失的波浪。孩子，你生命的流要向前流，你的一切過失，只要誠心誠意的改悔，便不那樣偏向

來文　字第　號

教育部簽呈用紙（第　頁）

批示一切的假面都已過去，那些有價值無價值的都過去了。

他認一認真又說，孩子你知道這一個多少年來是我最痛了，你對于真善美曾一度失去信心。但是真善美是永遠存在的，你看這自然便永遠是真實，無處不充滿着美，自然是最偉大的創造，這便是自然的心意。孩子世界是太廣大了，人類的歷史是太悠久了。你一個人一時對于真善美的失望，何足以影響那漫長年（世界內部的）無窮的廣大的真善美之力量，都是要永遠之享着世界人類的理想和社會真善美化為真善美的社會的。你不要太把你個人一時的失望過分的誇大了事情。而且孩子你因為對于真善美之失望而苦痛，這同時即證明你還有着對真善美、真善美之渴求，在你的內心，真善美是永不會熄滅你的。

你聽了他的話，你從前了解的許多道理卻好似復活了的樣子，在我心中浮現出來了。

中華民國　年　月　日

批示　他經常說：孩子們看這世界是何等的廣大，他永不衰，一切好的壞的，

他都有他們的用處，一切壞的都可以化為好。你看那糞土化為青青的麥稻，遍野的花草，

污垢中的水蒸氣形成美麗的雲霞，動物之屍化為肥料的炭氣，滋養著一切

植物的生命，植物多餘的氧氣又滋養著動物的生命，這世界一切是循

環不已，化為神奇，無用都可化為有用，這世界上沒有壞的東西。

他又說：孩子們看植物的傷處可以滋生更厚的皮，動人身害了病以後會

自然產生防毒素，人犯了錯誤知道錯誤，錯誤便不會再犯了。並有害傷寒病

的人永遠有害傷寒病的可能，並有犯某種錯誤的人永有犯那錯誤的可能，

只有犯錯誤而改變的人才能從此避免錯誤，所以有過而後才有真正

的幸運者。孩子錯誤可以成為正確的基礎，醜可以化為美，你看最醜的人往了……

來文　字第　號

教育部簽呈用紙(第　頁)

挑未將來偉大藝術家的手不是可以作成一種特別的藝術品嗎？而且醜可以增加美，你看不是有殘疾在美人身上不是更美嗎？惡可以化為善，你看古今多少偉大的人物他們都總把自己斷送了，他不是少年都曾犯大惡嗎？只有他犯了罪惡，他便更悔罪惡，這悔罪惡的心便成更促進他為善的動力。孩子，宇宙間的東西永遠是可以相轉變的，你看那是一條溪流，他順逆的流，因其能將他經了阻礙，受了其他力量的牽引，可以使他的流更較有力，而且使他的內容更豐富。你看那錢塘江的潮水之雪白莫測的花紋，每每引起千千萬萬的人去觀潮，那色潮水的花紋正是由于江水受其他的引力阻礙，由自然流行而生的呀。

孩子，你看這自然界一切東西都在把他們貢獻給別的東西，這自然的美，他們之所以能永遠即是他們把他們之美貢獻給別人。自然界一切東西互相依靠，互相傳播

中華民國　年　月　日

批示：其力量即是互相施與其力量。人最可貴就是他的意，貴即是施與。施與你所有的給他人。但是請問你，施人以衣食，施人以財物，施人以名譽，施人以知識，聲名，算最大的施與？最大的施與是施與人以原諒。原諒甚麼呢，即是施與之意。原諒使人心靈得着安適，使人忘掉他自己之過失，而即使人超越其過失，使人把他自己轉化成無過失的人。他人的過失是存在的，但是你要識的原諒，而可使他不存在。這是你對人最大的施與。你原諒他人的過失吧，也要識的諒解自己之過失，而原諒過去那可憐的自己吧。你與他人便都成為聖潔了。

請看你有慧根，你有性靈，你有對於人類之責任感，你有許多事要做，你同時要讓其痛苦錯誤你的生命。為了你，應該意識你自己和别人，請你一定了。

中華民國　年　月　日

來文 字第 十 號

教育部簽呈用紙（第 頁）

批來

親子我知道你喜你的感情已因為你忽哀地，覺得她好，所以對于她這樣一點點瑕疵更覺是一憾了。因為一個東西愈好，你尤急望她完滿無缺。

我很了解你之心理了，但是你又要了解我剛才同你說之一切話，你便不會再怨她了。

你要知道她之喜你，也許比你喜她還深，因為她常怨她曾對不住你。你恐怕她之意志薄弱，她將來對你怎樣不可知，但是你對于你從前積過的乃子郁

能之志不當很怎知她之能呢？你只以為你能有堅貞之美德，以為他人便不能有

這是你的自私处。親子你還是相信她吧。

建棠這夢太奇怪了。一切的話我都記得清清楚楚，而且以下的話也記得很

常將替她說

你不要不諒她，她之一切，她已在懺悔，她過去之一切，你知道你最近為她之之仍不便

中華民國 年 月 日

來文　字第　十一　號

教育部簽呈用紙（第　頁）

批示

她給予的非凡，她不是白費，若把她是使你苦痛的負責者，她也與你一樣

有慧於有性靈的她們：她們都在想把她們自己的人格化為更偉大[redacted]更需富

[redacted]要了愛，她給予你更多，伴你以溫存，更能扶助你。她的缺點只在缺

乏毅力，有時作了不應施的帶水而爽快，甘願是不免于拘謹多了憂慮不洒

脫。不消講太高，但是我說在已回她的靈魂，向她表示希望，望她以後

好好人格化為玉人，冰清雪白，純潔高尚為流水一樣清素。

她也有魅力的，這她自己也一定要使她所有的你更有了愛的人。

先請他把這些請說完了，他于是引我走上一條高貴廣闊的玉石所砌成之路，

那路遠而遠的上一座高山，我忽然像個他到了山頂，看見滿天的朝霞鋪成

五顏六色的雲海，一望無邊的錦繡織成。忽然山不見了，原來我同她都

中華民國　年　月　日

來文　字第　　號　　　　　　教育部簽呈用紙（第　頁）　　　　三〇

批示

走進重重錦繡的雲中，我們步着雲走，忽然雲中現出
一座宮殿，用翠綠綠琉璃築成。我們進去，見着滿一座陳列希臘
的雕刻，一座陳列中國之古畫古字，一座陳列古今賢哲大偉人的像，
一座擺得各式各樣都是世間不流的著作，印刷得非常精緻，一座
四面有多少花園，四方有佛經的神龕，座後是圍繞池塘滿是水仙花，我們走
進圖書室，那裏我忽然看見一本奇怪的書，在那書架的中間有一書
桌，書桌之旁邊坐一女子，已倚窗凝視窗外池中的水仙花，我們的近旁
有響動，那女子把頭回頭來看我們，把嚇得真的要起，哼一聲就
原來是你，我不禁抬起頭來看見他人已去了，我抱着你溫溫的一吻，沒有細細的看你

中華民國　　年　　月　　日

批示：寫來你之所得更美麗了，實也穿著彩霞作成的衣，頭髮披
和雨露，與雨在熱情的濃霧中，你卻非常端莊沉靜，又何不可像他的
樣子。同時莫在一旁之處。樹蔭的東的表情，非常使人愛的，卻是世界上第一
流的作品。等一會那些人進來，于是引我們到那佛堂，要我們相互聽了道
你們應當感謝神力使你們多少會見，使你們的人格卻已超化你們，更臻完再
自經今後你們要澈底改善你們之過失，對于和過失要熱烈的防範
生了。他說完，便之見了我們起來，想起我們之到目前許多對不住對方的了
不覺握著痛哭一場。但是哭完後，如雨過天青，四圍非常的晴朗了。是
我們一道出去，經過破壞的牆而再踏過去，便是一大森林，林有一條像我們走
當時你們倆倆出了墳園，走進大門，我們攜著手而看林木叢生進

中華民國 年 月 日

來文　字第十四號

我未忽然看見一塊地，四圍都是參天大柏，中間原是遍遍開野花的墳墓。我們走上前去看那碑上寫的是勇敢之墓四個大字。我們則常驚詫，才知我們是真死了，而再生了。我們走近碑石，一細看其息，聞墓中有男音說：不怕了，起來吧。我們再看，翻有衰墳墓，我們不是同其生在耕墓的旁邊，穿衣憶，看我們自己埋見我們身體的自己去穿衣憶中，我們覺我們墓中有一大目睹上面傳一老人的像，與我們所見之老人一樣一樣。我們知道這是那老人送的，因為這有一字條說：我們慶賀你們的再生，所以作成之形貌傳在此目睹上，但你們也能懂了，但你們要以來往。你們以後一切心理行為便都了得美美真了。我們將目睹

教育部簽呈用紙（第　頁）

中華民國　年　月　日

批示

重被蚊子來咬了。我們見我們之牀卻（乃）是諸石作成，我們也想休息，但月光射在湖上，我們先想去將窗推開，讓明月進來。但我們剛將窗一推，我們發現我們之屋宇來去一半，靜的池中田園都是水仙花，而來我們是已回到那宮殿，沒有的池中之一層了。但是宮殿我們又覺我們之屋已化為一般，順著池水流去了。池之便是一大江，一望無際，但水波不興，船自己的流著。我們見水中有許多星光在閃爍。我們忽然明白這即是星河。我們見天上有十個月亮，四圍都是星，水與星月之光互相浸潤，分不清是水是光。我們漸漸發現船四週都是蓮葉荷花，映著星月之光分外紅潤可愛。我們這時，覺得你所穿之衣服，也蓮葉之碧綠，倘與荷花同樣鮮我未明白，我怎伸手把星星摘下數十，連綴成一條，帶在你頸上，又取了兩個明月，你手中穿過成為指環。宇宙的光輝沐浴我們的全身。這時我想你青髮（靜靜的）垂在兩肩，帶着快愉的微笑，依在我的懷，你態度明而安詳，極其端莊而高貴。此時宇宙靜穆，無一點聲息，我們[redacted]（在向晚黃）看着開過的荷花，我忽然把你抱着，道：你看那荷花都是白淨，泥出而拋它們一些污泥，[redacted]便像纖塵不染，永遠鮮潔，這比喻我們之情善，可以說愛我們之一切，現在我們[redacted]經了宇宙光輝的沐浴，已通体透明，我們已超凡入聖了，現在你成仙女，我成了仙童，我們忘去這些一切也，我使你苦痛，我對不住你，你的心在那裏，我來覓吻你的心，你說現在我感到我的心

中華民國　年　月　日

批示無所不在的，全身都為我的心光所透明，意由何向那裏去也」了呢

我們都深深的感激，淚滴在荷花上，我們感激這無窮美麗的自然，這神

聖莊嚴的宇宙，感激使我們和此地來的人，我們體此感激，對於自己的深

的愛，於我們讀着詩，視線的切下都有一流清水，正可淨化純此之靈魂，我

們將淚揩乾，同誦着古人的詩……玉鑑瓊田三萬頃，著我扁舟一葉。素

月分輝，明河共影，表裏俱澄澈，悠然心會，妙處難與君說……又

誦着「冰肌玉骨，自清涼無汗，水殿風來暗香滿，繡簾開，一點明

月窺人，人未寢，欹枕釵橫鬢亂，起來攜素手，庭戶無聲，時見

疏星度河漢，試問夜如何，夜已三更……」我們正在讀詩讀到妙時

我讀詩的聲音，把我自己由夢中驚醒，我發覺我自個一人睡在牀上，我的夢境

教育部簽呈用紙(第　頁)

這封信所說、尊重是人性的，我也接受，我很希望你多看看書，五年前曾想像力把一切境

你的這份尊重，中國古人中早已說過，這對於你有價值，我要你在這方面的研究下功夫

來文　字第十六　號

批示　你已說得非常清楚，我很尊重你以尊重的心這樣有秩序的處理

此事件之意義，為此偉大而有意義之事，我非常欽佩，起來把他的樣寫下

來，更是我們尊重精神的力量，永遠尊重指

示青年們互相鼓勵向前，告訴我們更要能有精神的力量，開人的

胸懷，獨立的人格，使我們的靈魂化為美麗的聲音，成為一個新的人格，要我們

的人格高尚，生活於世界之上，人為尊重的理想來規範他自己

的人格，自己能造就自己，達到人性的尊嚴，人有尊重的價值，不可有自己，更新

建造的完滿的人格，才是真人，才需自己造就自己的命運，我這一年多來的

痛苦，是我什麼都沒有，而對一個絕對的空虛，但是從絕對的空虛中，我感到我有所得

之物，都更新造起來，都要置身於內，中間什麼都沒有，然而中正因此一無所有，所以能

要求有所為，自己更要求，我要求你這中華民國　年　月　日

之一切，我只希望你自今日起立志，使你成為一個精神純潔的人格，不要

讓一點塵埃來污染自己，遠離那些污濁的人，而超群于世俗之上，要你們在世界勉勵我自己

我們互相勉勵，不要辜負這神的啟示，期望吧，祝你好

你的親人　十二月十二日

於你信之後，千人信你，你信自己
信你自己，你不要忘記
你要信你，你所有的
你的，手邊一切人
你自己，你一定要
你的，祝

第卌二信

（原件複製）

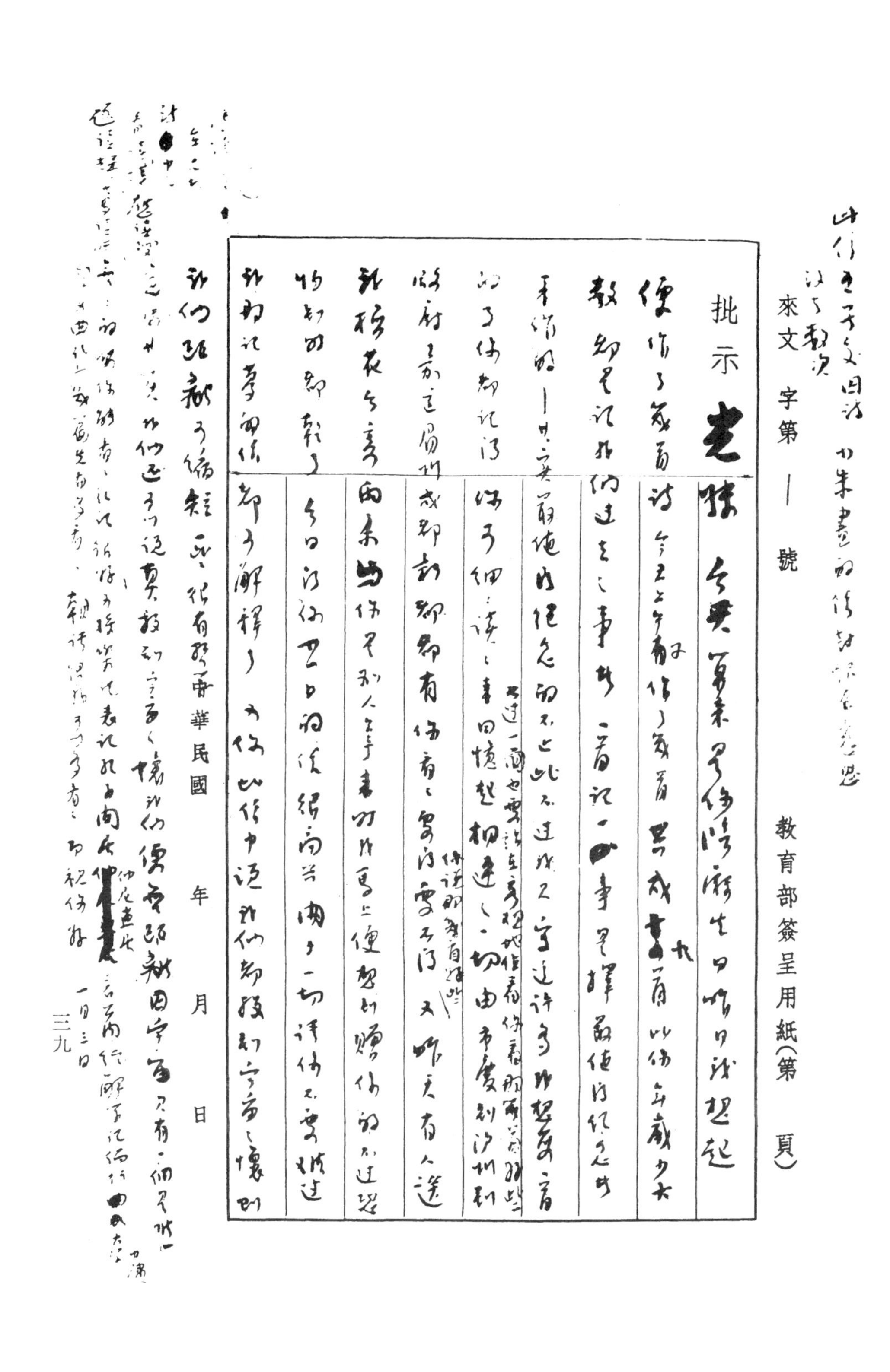

來文　字第　號

教育部簽呈用紙(第　頁)

批示

[illegible]

中華民國　年　月　日

[illegible]

來文　字第一號

教育部簽呈用紙(第　頁)

批示

舊游雜憶(一月廿二日憶少年光回游雜事 戊戌七律十首
此自後成九首，詳錄前作並系於紀實，因書以寄之)

重慶
嘉樹蔥蘢青未闌。芳欄細雨過飛鳥、飢腸轆轆
真無計，韞黍調羹味亦甘。

瀘州。
微雲掩月憶瀘州，曾經來回幾度游。臺上猶依倚(石欄)
情脈脈，嫦娥同證結綢繆。

賀春鴛
江鳥春鴛石畔步，鴛鴦人影沙灘依，數短長，共道莫
忘沙上影，沙灘人去影茫茫。
船泊江心共倚舷，月光如水如紫文。輕霧紗籠天水

中華民國　年　月　日

批示

隙，原來天上即人間。

宜賓

疏桐掛月影姍姍，曲徑逶迤上假山、行到蔭濃月光隱，還將電炬照君顏。

逸園即墅柏溪勝，清溪淺流不爭喧騰，靜聽溪流君枕我，嵐光四面拂羅衣、

嘉定

嘉定暫留幾渡江，凌雲寺去即陳莊。于尋石壁臨滿意，花崖攜手三蒼蒼。

臨江旅舍夜闌珊，笑談燈前興正酣，記得深宵強傳粉，簪花特地為郎看。

中華民國　　年　　月　　日

來文　字第　三　號

教育部簽呈用紙(第　頁)

批示

眉批

合

新都

合

蘆荻白蘋滿汀洲，沙岸參差接遠流，底事相看
如醉酒，歸來月上柳梢頭。
蒼蒼松柏上干雲，孤女歸來拜母墳，含淚碑前稟
阿母，兒今有伴結同心。
桂樹千株傍古壤，枝深搖落襯華粧，早來半月
花應放，一路芬芳共粉香。
碧野如茵望月華，情深無奈情交加，嫦娥遠見

中華民國　年　月　日

批示

批示

成都

莫相妒，宇宙原來是一家。
屬望深時責望賒，箋回賭氣濕羅巾，呢呢爾汝
增親愛，今古人間兒女情。
君歸城固我渝州，漢水巴江日夜流，萬里滔滔同入
海，與君會影東海頭。
淺淺銀河隔牛女，人間天上共離憂，但願恩情
君長在，同心何必共衾裯。

卅一年一月三日

中華民國　年　月　日

來文　字第五號

教育部簽呈用紙（第　頁）

批示

詞以意勝
是情境即為所作之
性情之表露
瀰漫之意

陪相看即「又是久
相看」之意

你常常唱李清照香冷金猊一詞，今夜我偶然想起此詞，
填一詞，你看看是否你所[illegible]好。　十日夜

迢迢銀河望空無際，又是新月上頭。嘆團圓還缺，
依舊如鉤。與寄清光誰伴，是情懷緩步歸休。
依誰念人生如寄，數十春秋。休休好雲易散，
對花常開好夢難留。記取宵夢裏，人會
秦樓。萬種別懷難訴，鎮相看無語凝雙眸還
驚醒殘燈帶恨，翠被增愁。

中華民國　年　月　日

懷永思　此二詩得句于數日前，今寄你以當書信

猶憶廿春城會，原年訂盟約。心心未深而慚愧負相屬。該緣生間疑，如許（柳如濤）致翻覆。幸賴各多情，友誼願永續。自責怨他人，寄遣吐心曲。互望有新歡，自斷長寂寞，誰識定遠赴，留悔負前約。疑云信益深，怨情日篤。一稿斷信相連，一稿縷乃外來。縷縷外相繞，孔孔內相入。佳人懷內美，蘭芷在幽谷，游月遍郊原，貴所未曙。今茲愛已深，清風來

中華民國　年　月　日

馨馥。素情何深曉、但易傳貞淑。高志忘軒冕、

樂棲蓬林壑。豈我 尤堂為 豈於胸懷乎濟世。

植賢材、望於成其業。志於遺世累、志於[illegible]修綏 義。

又綴幽蘭花，共戲將雲落。殿以白相淚，戲於成

其業。舊如復新如，響乎響莫響。長嘆生別離，

相思意王來。天生何所有？白雲何漠漠。何日重相見

淚共樽前落。

其二

中華民國 十 月 日

第3頁

所思在何處，遲遲望不來。剛闊何茫茫，萬里飛

難越！幸書寄頻頻，書來字字讀。筆難想大

意，晚吟獨躊躇？字字識情柔，寸心不可掬，掬

之之處處之不思覆。置遠書懷胸前，披[illegible]望

明月。皎如瑤臺鏡，照顏如玉，不見鏡中人人宇，

何寥闊。寥闊天宇，清光一片，遍入萬里雲遮陽，

清光一片圓，簇清光滿天庭，清光滿天庭，清光一片在

林，清光一片在樹。不知即有光處，為光所有。光處

即我心愛夠意孤獨歡，要來尋求和心向神祈。

序

謝廷光（方同之另一名）

先夫逝世已三週年，我思念他，常常看他婚前給我的書信，覺得每看一次，都發現有不同的意義和價值，這些意義和價值給予我無盡的安慰，給我幸福的感受，亦給我無限的內疚。惜大半的書信已散佚了，留在我身邊的只是一小部份。我實在寶貴這些書信，我恐再有散佚，如果全部散佚了，我認爲不單是我個人的損失，亦是人間的損失，所以我把尙存的信件整理成書印行，這是我成書印行此書信的一個理由。還有一個理由就是我們的婚姻是經過變化而來的，其間一切經過有各種不同的階段，在各階段中我們所持之態度，我認爲值得作青年男女談論婚姻時之參考，所以我願把私人的事客觀化，獻給青年朋友，願天下千千萬萬的青年男女皆有崇高的愛情與幸福的婚姻。不過請注意書信是隨手寫成的，文句多有不切貼之處，望青年朋友不要只注重文字的本身，而要透過文字，注意文字後面的意味，這才是此書信的眞精神。

廷光序於一九八一年二月二日

一九三八年（成都）

第一信

廷光妹：

去年，家母同令兄紹安開始提到我們的婚事，我因一向從事於學問，常覺此類事之增加累贅。所以好多年來都是違悖母親之意。但令兄是十年來之朋友，妹在舍間也曾住半年之久，尚能與家母相得；且屢讀妹與家母及二妹之函，深佩其意念眞切，與流俗人大不相同，所以覺很願意。因爲我想人只要在精神上能互相勉勵，求人生之向上，則婚姻也可互相幫助。所以母親同我談幾次後，便答應了。後來又由令兄徵求妹之同意，昨日老伯到成都來會見，也很贊成此事。在老伯之意欲用舊式方法決定，但令兄家母及弟意還是應該由我們彼此增加了解，暑期以後會面時用較正式之形式決定爲好，所以我現在就直接同你通信，你該也不會見怪吧。

紹安兄是弟多年的朋友，由他又同令兄斯駿交好。斯駿前同我說過，妹兼有他們二人之長。雖然我比你年齡長，在某方面的知識，或許稍多，但是朋友間的結合主要的是人格性情有互相敬愛之處，以我同令兄等之交好，假設不是社會上有許多已成的習俗，我們應當早成朋友了吧。現在母親同令兄所提到的事，不過換一種方式來成朋友而已。

我從十四五歲以後，因爲父親的教訓即有志於學問。記得在十五歲生日那一天，曾經含着眼淚作了幾首要立定志向的什麼詩。以後雖然時覺精神懈怠，但大體上總是向着一方向去。在我本來造學問的意思並不只重在知識，生活的充實，人格的完成，一向是我爲學究竟的目標。假若將來你有機會看我十四年來的日記，當可知道，只是因爲我自己素與社會一般人不大合得來，而十年來都是一人在外漂蕩，雖然到處都有朋友，也時有人稱讚我，但精神上終感着一種悲涼，遂造成一種孤介的性格，如柏溪隨筆便是在這種情調下寫的。（柏溪隨筆是不好，但到底代表我三年前的生活之一部，所以把它寄上一覽。）悲涼的情緒到底是不健全的情緒，孤介的性格到底不及和平溫潤的性格。所以近數年來遂逐漸加以改變，對於一般社會上的人，鄙棄的意思漸少，而悲憫的意思加以引導的意思漸多。尤其是去年回川後，得家庭生活的慰藉，覺得生活更和適不少，快愉不少。一般人只求享樂是不對的，但是精神上的快愉對於心靈的開展有極大的關係，爲求心靈的開展而增加精神上的快愉，我想也不算不對吧。所以我想假如我的家庭生活能更美滿一些，我的心靈必將有更大的開展，也許柏溪隨筆一類的東西當不會再寫，而從更積極的方向去生活了。

至於從純粹學問方面說，我的興趣一向在哲學，文學我只欣賞而已。哲學儘管使我受過許多苦痛，然而牠到底是可愛的，宇宙人生微妙的道理確實令人玩味不盡。道可樂，眞是不錯。其次中國眞正的哲學家太少了，我想中國應該多有幾個，許多朋友於此鼓勵我扶持我爲我延譽。（紹安是最早的一個）我自己也漸漸相信自己眞能。因爲哲學的天才其本質在能常常自反，在永遠有原始人小孩子那樣的心，那樣好奇，那樣新鮮，我想我是有的，我想只要假以年或使我再能到他處讀書，我必然有特殊之成就，與古人比美，又何難哉。你能不笑我誇大嗎？

至於我對於國家民族，我想在文化教育上貢獻我的力量，關於這點說來話長，以後再說。在最近我能作的事，只是辦重光月刊，辦此刊貼錢貼精神不少，也算我對國家民族所盡的一些責任。前家母曾寄數份來，你看了有何見教？

我對我的弟妹我當盡我的力培養他們造一種專門的學問，他們都有志趣，都不安於平凡，所以我一定要盡我的責任，使他們有專長，所以我希望朋友的妹妹也如此。聽說你要轉學，我想這是很好，因爲教育學院辦得不好是不能發展人的才能的。反不如四川大學等等教育系了。以上順筆寫來，拉雜得很，字太潦草，尤爲慚愧。我可不知妹意如何？甚望告知，又關於紹安兄與家母所談之事本身，妹之感想怎樣？此事最初雖係各人順家庭之意，但此事之完成，全看彼此自然之了解與同情，不容絲毫人爲。（人與人間一切感情都是要創造的，記得卡本德在愛的成年中如此說，那是一部好書。）所以我想應多通信才對，如果你不願別人看見你的信，可交華西高中華西大學或省中三校轉，（不然則交長順上街）最好由華西高中轉唐君毅，並候安好（從前聽說多病近來可好了？）

弟　君毅上　一九三八年五月十六日

（此信他人未見，不要交與令尊，因他恐不贊成，信又是白話。我希望你回信不要拘執顧忌，假如自己已有選擇定方。）

一九三九年（成都）

第二信

廷光妹：

我與我家中情形雖然你了解一些，或者不太清楚，所以我想向你談談。父親去世已八年，賴家庭中人之能體諒，大家刻苦，所以還能平靜的過去。但是這半年來卻是苦了我。首先想着弟妹的學業決定要繼續下去，五弟要住大學、六妹要住中學，記得父親不在時，四妹才初入中學、五弟尚在小學。這八年來使他們一在大學二年級，一在中學畢業，在我們的家庭，實不容易。而今後所需之教育費將更多。其次又想到二妹，她教了多年書，收入雖少，但是爲家庭犧牲的較我尤多，她最迫切造學問的志願不得遂，這都是我不能有力量幫助她之故。其次還有妹弟們的婚事，這是母親最着急的。而母親料得很遠，她又常想到辦理婚事所需之金錢等。所以她近來特別儉省，而常未請佣人，我們雖曉諭她也無用。因爲家中有存款時是不多的。我們因爲母親之儉省而太勞也都弄得很不安。還有因學校疏散，我少收二百元之薪水，亦使家中現狀很窘。而父親八年未正式安葬，已定暑假葬，這亦需不少錢，所以這半年來我心理常常都在不安中。如果我要求多找一點錢，我便只有到重慶。然而我實在看不慣政治上排擠傾軋之風，而且我怕會環境的關係而失去我精神自由，使我不能成爲出類拔萃的文化創造者。但如果要完成我文化創造的使命，我只好在此間暫不與政治發生關係，保我上不臣天子、下不友諸侯之自由。然而金錢又不够。如果要教多一些課，則時間全犧牲，亦不能作我之學術工作。而且現在成都教育界所謂幫口日嚴，我實不屑於同這一批人講幫口。我住過北大，我不屬北大系，我住過中大，我不屬中大系。我有許多朋友，但無一人是純由同學關係而結爲友的，我的朋友大半非同學，亦非同鄉。我七年來能在社會上立脚，只因爲一些朋友自動的好意之幫助，而且我之學問很明顯的超過我之職務地位很遠，所以還有人找我，我並不是賴幫口或任何黨派勢力而立脚的。現在要我來屬於何幫口，豈不笑話，所以重慶也不好，成都也不好。因爲一方面不願意失去我精神之自由；一方又要盡我之家庭責任。我愛文化之創造，愛眞善美之世界，我需要金錢以敎育我弟妹，使母親勿太勞。這兩種心理都是好的，然而世間上的好常常是衝突矛盾的。我覺得一般人是幸福的，因爲他們只有財色名三字。特殊的人永遠只是苦痛的，因爲他寶愛自由，有眞善美之關念、責任之觀念，而他們不免需要一般人所需要的東西。他需要錢財，爲的使他有餘時來從事文化創造，來盡他的家庭責任。他需要名譽，因爲他如永在社會沉淪，他便不能把他眞善美之理想普遍化，由社會的同情而更鼓勵他之努力。他需要愛情，因爲他的冥心獨往，昂頭天外，超出塵表所生的寂寞要人來補足慰藉。他要實現理想，他需要現實的扶持，而他又不屑於與一般人一樣的去追求現實。他自己造成他自己的矛盾衝突，他自己作成他自己的苦痛，他的性格決定他悲劇的命運。然而他這種悲劇的命運社會上的一般人是不會同情他了解他的。因爲一般人不知他何以要求眞善美。他們不相信人會有超凡絕俗的精神。神同天生的聖人也不會了解他的，因爲神同天生的聖人，不知道他何以一方追求超世間的東西，一方仍忘不了世間的東西。一般人與神聖其生活都是和諧一致的。只有特殊的人，人而有神性的人，則永遠是在矛盾衝突中過日子。這一種人在古今中外是太多了。我自己知道我正屬於這一類。我的性格帶來的一切，我自己願意承

擔，我並不怕苦痛，我相信偉大的靈魂是要用苦痛來滋養的。　即祝你好

君毅　一九三九年六月

第三信

廷光妹：

我擬於二十日離蓉赴敘。請卽將我前次寄你之國人應改變之文化態度一文由航空寄下，以擬作一文須一看。

我回敘後大約將到重慶，我本不願去，但下期弟娃要住大學，寧妹要住中學，此間原收入折扣後只有百二三十元，決不够用。而且須兼教中學課，乃有此數。現原所敎中學已遷移，大學能否增加課亦不可知，縱增加亦不出原收入以外，下期以二人住大學，一人住中學，至少需一百五十元。因爲全家搬遷，事太忙以後再談。　卽祝你好

君毅　一九三九年八月

一九四〇年(重慶)

第四信

廷光妹：

在最近一月中我用全部精力爲部中作一十六萬字的哲學書。通通是講些抽象的理論。一切情緒方面的生活都停止。也未讀文學類的書。前數日得你最近一信，匆匆作一覆。因尚有數萬字未作完，今已作完。我就藉機會，來同你寫一封長信，也只當寫文學一般以調劑近來的純理智的生活。也是一種有趣味的事，我望你耐心細細的看吧。

我前日與你一信中說，得你最近一信後，我已眞了解了你，不知你相信否？我在那信中未多說，曾覆斯駿一信說到。我現在再告訴你，我現在所眞了解你的是兩點。一點是你獨立自尊的精神。因爲你在此信中說你不願累自申辯，也無申辯的必要。這話在常情來說，本是對我一打擊，爲什麼無申辯的必要呢？但是我卻從這裏了解了你獨立自尊不必求人諒的精神。我覺得這種精神是非常可貴。我從前總覺你不富於這種精神，現在我卻了解了你這種精神了。其次，我從前總覺得你的情緒太不表現，你似乎莫有什麼眞正的喜怒哀樂似的。但是從這信中你卻眞正發怒了，從這一點便可看出全部，我了解你情緒的強度了。我實在同你說，我從前便不大了解你這兩點。我從前覺你之太不表現你自己，與我之好表現自己是不同的。我對於你這點我原有一點不滿，我想在你未覺我與你性情不合之先，我已先覺到了。不過我自己還有相當的道德，我覺得我過去既然對你有種種言語態度上的表示，我無論如何莫有先負你的理由，所以我只想能改變你、能激動你，使你更喜表現你自己。所以我常常與詩文給你看，並問你許多問題。然而你無所反應，這眞使我失望了。這是我過去的實在心理。不過到了現在，我了解你並非如我過去所想，我現在才知道你之不好表現不是由於你之少獨立自尊的精神同缺乏情緒，而是由於你的精神更比我收斂內向一些。我想起了中庸上默而存之不言而信存乎德行，我想你之不言正表示更富於眞正的信心。你能信你自己，也能信他人之信你。所以你不用多言。而我之好表現我自己，從一方面說雖是一好處，因爲我能自覺我心理之一切。但另一方面便總不免浮在外面，我覺得在這一點正當學你。所以我現在對於你從前所不滿之處，完全去掉了。我想你一定能相信我的話吧。

其次我更坦白的同你說，我過去對不住你的地方，我自己承認我的罪過，就是我對你缺乏信心。我過去只是想我不當因我的不滿而負人，我要維持我的信約，我不能眞相信人也能維持其信約。所以在你走後不久，因爲別人的偶然的話便引起我一種疑慮，我這一種疑慮眞是不該的。我能信我自己而不信人，便是我自己也信不過自己了。我後來的信常常有探測的態度，這眞是壞極了。我想你與斯駿兄言與我不合，也許卽是你已眞覺到我的這種態度吧。我這種態度是會使對方感到不快的。我想你後之少與我寫信，一定是因覺我對你莫有信心。我現在深切的反省到了，不過在當時我總以我的性格來推測你，我想假如有人不信我，我一定要想法子解釋而多寫信。所以我總覺你之不寫信是不可能，一定有其他原因。又因爲去年是我生活最不定的一年，在成都常常跑飛機，而且非常勞苦。後來離成都後又經過許許多多的事。然而在成都被炸後你不曾寫一信來問候我母親，後來我寫一信談我的生活上職業上去就的苦痛，你也無一言表示意見。尤其使我不高興的是我把我的心血結晶之人生之路與你，你亦無所論列。所以我想你一定有所改變。而且我母親常常爲兒女的婚事不能睡眠，以種種的原因，後來我便決定與你持合則合不合則罷的態度。因爲我也原有覺你之太沉默與我不合的地方。我想只要我不先發動便對得住你了，因此在我聽到謠言之後便信以爲眞，卽與你寫那兩信。因爲我想我並無對不住你之處，一直到寫那長信時問你許多問題，我還是想我莫有一點錯，一切責任當由你負。但是我得了斯駿的信和你最近的信，我才知道我的錯，一切責任均當由我負之。因爲我想一切都由我缺乏信心造成的。不相信人是我最大的壞處，但是我以前不自覺，我總想我已盡了我對於你的好意，而你無適當的還報，是你自己毀了你從前的話，與你與你父親信中的話，但是我現在承認一切錯誤在我，而且甘願受自己錯誤的懲罰，也許可以補救於萬一吧。

總之現在了解你最初都是好的，後來的誤會都在我，我自己完全承認。但是我過去之錯，我自己並不自覺，所以我還能相當的原諒我自己。同時我要同你說我過去爲什麼一定要希望你能多給我一些安慰與體貼之故，其實一個獨立自尊的哲學家，並不應當希望女子之安慰與體貼的。在我未與你通信以前，我常常的想法都是能當一永遠孤獨的哲人。我願面對着蒼茫的宇宙與神的理性接觸。最初提婚事我不過是順母親的心結一次婚而已，我並不希望有眞正同情了解我的人。但是我後來漸有此希望，因爲我的性格是多方面。一方面是哲學的方面，一方面是宗教的方面，一方面是道德及社會事業的方面，一方面是文學情緒的一方面。在前三方面因我有許多師友各人可了解我之一部，幫助我某一方面，而且師友們對我都很好，如過去紹安兄一樣敬愛我的友人至少有六七個，在人間的友情上我所享受的也許比任何人深而豐富。我有時想到會感激流淚。我的學問在中國哲學界的人幾無不相當知道，我無論在大學中學中教書，我總可得一些人的讚美，我到教部來全是因陳部長見我之文章而特請我來寫關於中國未來文化最重要之哲學著作。我今年三十一歲，我作的文章札記已發表未發表者有二三百萬字。在一般人看我無論那一方面都不在人之下，但是這些對我算什麼。我的生命力全在我的內部，我將來的發展是無限量的。我老實對你說，在學問方面，現代人無一人能全了解我，除了上帝及歷史可以估定我的價値，現代人是不够的。這些話你聽了你會覺我誇大得笑人，不過我卽當作笑話說說也不要緊。所以我對於現代人的稱讚並不希罕，一點也不能使我滿足，但是我深知道在此點要人之全了解是不可能，我也不奢求。我所要求是純情緒上更多的滿足，在這一點上我不是中國的聖人一類，而是西方文學家一類。聖人可以不待他人之情緒上的慰藉，因爲他本身是一宇宙，我的修養不能到此。而我以在過去曾受許許多多的苦痛，又天生的容易感觸，所以人生悲劇意識特別濃，我告訴你我在五六歲時便有許多奇怪的恐怖，我見雨後的地面皺裂，我便怕地球要崩壞了。我常常想着天不知有多大便震駭起來。十二歲時我看了神怪小說，夢寐中便充滿了神怪，當時便想自作一小說另造許多神與小說中之神相比。我十六七歲時到北京去讀書，一方面生胃病腦病，一方面以政治黨派問題又使我生許多苦痛。當時的好朋友都反對我太右。而當時由父母曾與某女士定婚，我們原不曾會面，但亦通信，而某女士說我太左，而他們都譏笑我受了另方的影響。其實我只是本我的良心而信我之所信，後來關於婚姻因爲我們思想原不合，在我二十歲反川時，適她出川，到後來會面後彼此無好感，因而破裂。此事本無所謂，但亦爲他人談笑評論之資，亦使我非常苦痛，這是我二十一歲的事。二十二歲我過繼之母去世，我父親亦去世。此時我大學尚未畢業便回家，而又遭他人欺負想佔我家中產業，於是成訟事。那年暑假回家一方面要辦過繼之母及父親喪事，一方面還要與人打官司，打官司本非我願，母親意亦不要產業，但另外的族中人要鼓勵我去作，另外的族中人又別懷用心。在當時的情況下，二妹在敬專尙未畢業，四妹才在小學畢業，一家人的生活教育之責便在我一個二十二歲多的青年身上，我記得那時有一次全家坐船回家，我在船頭掌舵，我遠望着前面的青山綠水，手中持着舵，我突然感到全家的生命便負在我掌舵的手上，我不覺感傷起來。後來到南京，一年大學畢業，一直教了七八年書。在辛苦中才把四妹送到大學，五弟亦入大學，六妹亦入中學，現在我收入更多，許多債亦漸還了，現在家庭中才逐漸光明起來。在此七八年當中一方面要負家庭責任而找錢，一方又要造學問，一方面又不願奔走，不入黨不入學系，所以各種擇業都要細心權衡，好容易現在才在社會上得了一點地位爲人所知，以我這樣的環境，而將世界上中西印的哲學書重要者均讀過，能了解文學科學，而自己有一貫思想，寫這樣多文，我老實說我不曾見第二人。在這種多年悲苦勞倦的心境之下，雖然理智上我已認識人生最高的眞理，了解最偉大的人格是可以對一切樂天知命，不待外求自強不息的道理，然而如久病之人一下恢復健康也須善於調養，我多年的苦痛勞倦之歷史，已使我心理上受了損傷。所以雖然現在境遇較好，然而小事觸動，便舊日傷痕一齊觸發起來，所以常常較他人更神經過敏，動不動便來了宇宙人生之荒凉之感。自然我有強烈的理智我馬上能克服牠，但我也未嘗不望有外面的力量來幫助我一下，這就是我需要情緒上安慰體貼的起原。然關於情緒上之安慰體貼，自然我的母親弟妹都能給我許多，如朋友亦能够，但是母親弟妹太親了，我有許多苦痛不能同他們說，因爲一說則使他們苦痛，朋友平時都是談學問事業，有許多話也不能說，所以我便了解男女關係的重要，因爲男女關係一方不是如家中人之太親，本是一種朋友。然而由這種朋友關係又可化爲最親。原來家庭關係原是一塊父母之血肉分化爲父子兄弟，而男女關係則是不同之血肉而要求合一，或者本是一，後又分爲二，今又求合一。如柏拉圖書中所謂在原來男女本爲一人，後被神嫉妬遂剖之爲二。故現在男女要求混爲一塊。這一種關係是一微妙的關係，一方有距離，一方要合一，有距離是敬，要合一是愛。朋友間則以敬爲主，父母兄弟間則以愛爲主，男女關係則在其間。所以男女之互相安慰體貼又是一種意味，我從此便悟到男女之愛情之價値，我覺得要使我過去的創傷能漸漸恢復，我也需要這點。但是在過去八九年我從未向任何女子表示好意者，則由於我之自尊心，而且我知道我的性格有些特殊，同時精神太豐富不易被人了解，所以我最初只是顧順母親之意而結婚不必求情愛上之滿足了。那是直到前年你到成都後，我才逐漸引發出此種需要。然而這種需要如果一迫切，便會產生其他不好的現象如疑忌等，這就是我同你到現在這種局面的原因，不過到了今天我已經知道我之要求人安慰體貼不對了，因爲那是自然的結果是可遇不可求的，古人說所求乎朋友先施之，我對於人的安慰體貼尙說不上，怎能望人如此呢？而且那一種一定要人來安慰體貼的心理也未免太弱了，男女關係最重要是互信。所以關於這點我已自知其錯誤，我不過把我的心理解釋一下，使你明白而已。

現在我也不能一定希望你諒解我之一切，不過我想旣然你並未與他人發生愛情關係，如一切均由我之過去不了解你及過去迫切之處弄出來的，我不能不向你表示歉意。你對我另有什麼不滿亦請明白告我，同時我覺得一個人的人格應當努力使之一貫，如果照我的感覺，我覺得在成都時應當算是定情心許了吧。不知你回憶你當時的心境是怎樣？在我仍然希望我們能恢復當時的心境，中間這一段經過便讓牠埋藏在永遠的過去吧，如果我們還有意思恢復從前的心境，我想我們也可把錯誤當作獲得眞理之必需的經過。記得納蘭性德有一首詞後半是：共君此夜須沉醉，且由他蛾眉謠諑，古今同忌，身世悠悠何足問，冷笑置之而已，尋思起從頭翻悔，一日心期千劫在，後生緣恐結他生裏，然諾重，君須記。我想卽以此詞贈你。

我從前知道男女關係必須專一純潔忠實，我現在知道一念信心便是男女關係之忠實專一純潔的基礎，一念信心是信人信己，信人亦能信己。有了信心則破除了一切時間空間上之阻礙，也不須其他之條件，更不必要在文字上談情說愛，而自然能構成彼此精神上之永遠的聯繫。互信便可造成眞正的關切，一念互信眞切，便是永遠的互信，我從前缺乏信心，我犯了錯誤，我自己來挽救，你生性更富於信心，但你不知自覺的信心，一念信心之哲學的意義，我貢獻與你。

君毅　一九四〇年四月二日

第五信

廷光妹：

來信已收到，我常想人類有兩種可貴的東西，一是無私的智慧，一是無私的同情。無私的智慧不是知識學問，只是對於一切均能寧靜的觀照，以至把自己私人的事也客觀化之而觀照之。無私的同情是對於不屬於我的人之同情。但是最高的無私的同情也可以自己同情他自己，因爲他是站在自己之外來看自己。你的來信這樣平靜而富於情感的談我們的事，我覺你庶幾有此精神，如果我們將有婚姻關係，這種態度不足貴，因爲總有相隸屬的觀念，那還是一種私。只在我們單純的是朋友關係，這種態度才是足貴的。

你來信說你已感到你缺乏體貼溫存的柔情，你不如人，你不願累人，你不能實踐諾言，你只有沉痛的悔你的過去。我相信你的話的眞實，我同時感到你之可佩，人之可佩處不在他的學問與完成的人格，而常在他偶然的一念，縱然此念恒與其他之念相伴，然而一念卽透露了一個人靈魂的深度。不過你竟不說出一些其他對我不滿處，這也使我難過，因爲這樣你之一切都爲怕累我，我如何能當此，而且我何嘗有此意。你說你並不怨恨我，且願時常安慰我，我寧肯你怨恨我表示不滿於我，因爲好意反使人掛念，我不知道你以後將以什麼來安慰我。所以我相信你這段話的眞實，然而我希望你話以外尙有眞實，我希望你告訴我，這才可以見你眞正的好意。

人爲什麼要求人之體貼與溫存，什麼是體貼與溫存，卽不過是人希望別人打開他的心與他相見，人類從無始以來便爲無明所蔽，人究竟有多少時候打開他的心，這本是難有而不易有的，但是你最近二信有之，這是我深引爲快的。兩年以來你似乎也有心接近我，但是我過分的要求使我感到不滿足你也不知道，我於是感到我們間之距離。現在我覺對於你多一些認識，似乎接觸了你一些眞實情感，然而你已離開我了，存在的東西其好處不被人發現，待其好處被發現時牠已不存在。人必須死了，其名譽乃爲人所知。然而他已經死了。一切東西都要先毀滅而後其價値乃顯，這是一種宇宙的悲劇，然而能感觸這點的人是何等的少呀！

前次到江津見歐陽先生，他對我囑望很深，要我住在內學院任事，供給我的一切需要。但是我不願專學他的學問，我終於拒絕了他，他頓時大怒罵我負他一番厚意，因他確是出於想傳道的精誠而望我在那裏住，我不能，當然使他失望。他痛罵我一次，乃我平生所未受過之罵，但是我有什麼辦法呢？其他學問我一樣的愛，我不能專愛他的學問，我只有拂他之意。我在他罵我之後，我恭恭敬敬與他磕頭，因爲我確感激他對我之厚意，但他並不諒解我，他說從今後不望再見我，他那晚送我出門時，月光滿地，我見他背影自門而入，我想從今後也許難去見他了，他對我也再不能諒解。但是我始終諒解他。我無法副他之望，我只是適逢作了一悲劇的脚色。世間的事常有實逼處此，說誰錯誰都不錯，然而卻是都遭遇一種不幸。如我們都負了我們家庭之望，把時間躭誤二三年豈非不幸。而且任何人只要一生曾二度心許（不管心許只一念或多念相續）二異性，便是不幸。因爲破壞了宇宙原始的堅貞。然而不幸算什麼，人總得要經驗一些不幸的事，而更能了解人生體驗人生。人只有在感他自己演了一不幸的劇而能超越他冷靜的承擔他，才可以見一個人的崇高與尊嚴。

我常不願世間多所變化而願多些永遠事物，但我自己的心卽常常變化。「永遠」是人類追求的對象，實際上終不可得，我感到與你婚事之不成是一種不幸，不幸之爲不幸與其人無關，人不過如一方程式中之代數是一例子而已。但是我眞必須消除此不幸嗎？又不然，因爲我也不能主宰，我與你也不能主宰，那是命運在主宰，因緣在主宰。數年以後不知誰是你的伴侶，誰是我之伴侶。十年以後也許我們都兒女成行，那時再相看一笑，一切往事均已漠然。我們現在尙回想成都山野上所說之話，而感到懊悔，到那時懊悔亦復何有，那不過視作小孩子的無知而已，一度存在的東西在宇宙歷史中永遠存在，然而自現實上看則一切無不銷亡。一樣的事，一時得意一時悔恨，一時慶幸一時漠然，一時再也不願提牠，希望最好不曾存在的好，人就是這樣無常態的動物。過去！過去！一切都要過去，我現在所寫的又已過去，再不能招回，愈招牠愈遠，我這種感觸不時便要呈現，這是悲是樂？是關於人是關係我？都不是，那只是一純粹的宇宙情調，這一種情調只有在保持一很高的無私的智慧與同情時才有。所以此情調也不常有，也是無常的，我寫完此信後，我又回到我平日的生活中去了，所以你也不必爲我躭心。

卽祝你好

君毅　一九四〇年五月三日

第六信

廷光妹：

讀你四月廿號的來信，我很感謝你字裡行間一種純友情的表現。我想一年以來我們的事多少總擾亂你的心，妨礙到你的功課吧。這是我使你受的損失。一個人在讀書期間爲這種事而煩擾實在是一種不幸。在我的一方面我雖然也感受一些煩惱，但是都是我自作自受。而且從此事而反省到許多人生問題，我有許多精神上的收穫，我覺得並不算什麼。我現在願意同你談一些關於人生的道理，這些道理如果你已知道，至少可以使你更認識。如尚不知道，我想便算是我對於你的一些貢獻。我想對於你將來有好處，而且可以補償你所受的損失，這也算我對你的友情上的報答。因爲我同你通信二年竟從未談及此，因爲我們是太限制在我們私人事物的談話上去了。

人究竟是什麼東西？西方有一句諺語，是最使人發生興趣的人。我們都是人，然而人是什麼？實是一切謎中之謎。這問題我想過十多年，但是我覺得如把許多玄妙的討論撇開簡單說，人可謂永遠在兩重世界之間。人一方繫於超越的精神界，一方繫於現實的物質界。從內部看每人都自知他是一精神的實體，從外部看則我們只看人的身體的物質，連我自己用五官來看我自己也是物質。然而我們試反省我們內部經驗卽都是一精神的實體之表現。從外部看人實與一切動物以至植物礦物都不過是一些原子與分子之組合，然而從內部看則有各種情調志願思想與無窮無盡之精神意義與精神價值。從外部看只有已成的過去與剛才的現在，從內部看則有憧憬的無窮的未來。從外部看一切都是可以科學的定律來解釋我們一切行為的因果關係，從內部看則我們明明自覺有自由。從外部看人不過七尺之軀佔極小之空間與極短之時間，從內部看則每人心中都可想像一無窮的空間與時間，每人都能認識一整個的宇宙，一人之心卽啟示一天地。從外部看人永遠是有限，從內部看則人要求無限。科學通常總是從外部看人，而文學藝術宗教哲學則要人從內部看人。從外部看人到極點人不過十四種原質之化合，一分離便完，無所謂意義與價值，便亦無所謂道德修養之必要，也看不見任何人之人格，然而從內部看則人要求眞善美之價值，要求人生之意義，便要修養他的道德，完成他的人格。從外部看人各種人同樣的吃飯睡覺，從內部才看得出各種人有各種不同高下差別之人生理想，無盡懸殊之各種人格。從外部看人只見人的本能欲望，從內部乃見人之性靈。所以從外部看人見人都不過如此，都很平凡，而從內部看人則以其性靈之深度之不同，而覺特殊人物內心之深遠不可測。從外部看人見人都只有本能欲望，人與人間只有利害上互相關係，從內部看人，性靈與性靈相遇，精神與精神相感，而後有超利害的敬意與同情。

然而人最初是不容易從內部看別人，也不容易從內部看他自己。人最初見人只見人的外部，那只是一堆顏色幾根線條。人因爲有身體，在一方面是一物質的存在，每一人之身體與他人之身體是兩種物質之存在，物質不同所佔之時空不同，於是人與我之間就有一原始的對峙關係。由這種原始的對峙關係，所以人與人之間總有距離與隔閡之存在。每人最初只經驗他自己個人內部的世界。他人的內部的世界最初總是爲他封閉的，所以只見他人之外部。然而人眞正所求的是什麼？人眞正所求的都是他內部世界的擴大而通到他人內部的世界。所以人所求的便是打破那原始的對峙關係的隔閡，而與他人之精神性靈相通。所以人願了解人願被人了解。人與人間有同情有愛，有人格之佩服有人格之欣賞，有道義之相勉，這些都是人與人內部世界相通的象徵。人與人間內部之相通，使社會成爲可能，使人感其生命意義之增加、生命內容之豐富、生命價值之提高、生命理想之擴大，使各個別的精神實體聯繫起來成一大精神實體。使各個別人格聯繫起來成大的人格。於是各個別人格都自覺分享此大精神大人格之一部。同時覺此大精神大人格反映於其個人的精神人格之中。於是人可以爲此大精神大人格之完成而犧牲他自己、貢獻他自己的一切能力。然而因此大精神大人格卽反映於他的個別人格精神之內，所以最高的犧牲者並不覺是犧牲。犧牲自己卽是實現自己。人與人間有大精神大人格之存在，宗教家對之取信仰的態度、哲學家對之取了解的態度、文學家對之取直覺之態度，但是只有由信仰了解直覺他之存在而付之於道德行爲的實踐，逐漸擴大其自我的人，才能眞接觸他。至於日常的人則只把他當作一名辭來應用。然而實際上則他之眞實與我們自我之眞實是一樣的眞實，而且是更大的眞實。至於唯物論之只認物質爲眞實，則根本上由於他們之從不曾從內部去看人，所以他們不能了解。

假如一個人了解精神與人格之實在，而且眞把他們視作如山河大地之實在，他將視一切物質都不過一精神之象徵符號，都是一精神與精神相通的媒介。我要表示我對人的愛用禮物，禮物是象徵符號。我要作文使人了解我之思想情感，文字寫在紙上是象徵的符號。這樣我們的整個的身體不外用以表我的情表我的意念，亦是一象徵符號。整個的物質界都是精神用以表示他自己之工具。我們的身體內部所包裹的全是精神，他人的身體亦然。身體是精神的外衣，精神須要物質，只因為他要賴物質來表現他自己，使他人由見他之身體而認識他之精神。於是物質復成精神與精神相通之工具，而物質亦含精神的意義。所以一個眞了解精神物質之內外關係的人，必一方藉物質及身體來表現其精神，同時於他人之物質及身體之表現，去透視他人之精神，而使他的精神與別人之精神相通。

人生最後的目的是什麼？是實現那全人類的大精神大人格，卽宇宙的大精神大人格。一個眞能以實現全人類的大精神大人格為終身事業而不絲毫以為苦的人，是謂安而行之的聖人。聖人以全人類之心為心，他卽是上帝的化身。他一人之心通至一切人之心，是為至大之大心。然而成聖只是我們普通人至高之理想，我們只能向他逼近而不能期其必成。我們不必說得那樣高遠。我們普通人只當努力於使我們的心更大，但是我們的心將何由而大？一方面說是將我們之人生理想擴大，愛之範圍擴大，另一方面說卽是破除自己原來之小。什麼是小？自限就是小。什麼是自限？把自己的心隱藏在內而不發抒出來與人相通，便是人最容易有的一種自限。所以人與人相處要坦白眞誠懇切。因爲坦白便是不把自己之心隱藏而表現之。眞誠則不僅是表現而是表現得有力。懇切則不僅是有力而且望人接受，推心置人之腹中。所以坦白眞誠懇切卽是放大自己的心，因自己的心到他人之心，則人我之心相通，我之心便放大了。其次不替人設想也是自小自限，替人設想之謂忠恕，不能容人之謂自小自限，能容人之謂寬厚。其次不相信人也是自小自限，因爲不相信人也是不願以由他人之表現而接觸他人之心，這卽是自小自限。所以我想我們所惟一當努力便是使我們心大，不要自限自小其心。大心之道在使自己之心與他人之心相通，相通卽是以自己之精神與他人之精神接觸。擴大自己之精神與人格而更逼近於聖，更與宇宙之大精神大人格合一。

此外我們使我們心大的方法，卽使我們之智慧增大，智慧不是知識，知識是要知一定之理，智慧則原於自己生活之自覺，自覺是自己反省自己，自己反觀自己，卽跳出自己看自己。跳出自己看自己，卽超越了原來之自己，而使自己之心更大。我們通常人之自覺程度很淺，愈高的人則愈能有深的自覺。愈有深的自覺則愈能超越自己而看自己，其考慮自己之事如考慮別人之事，這樣卽其心愈能淸明，愈能淸明的心卽愈廣大的心。從如此訓練而來之愈廣大的心，亦卽能與人精神人格相通之廣大的心，所以反觀與反省是非常重要的事。

假如你了解了以上全部之意，你便知人生的目的是什麼。那是開闢我們內在的精神的自我或人格與他人之內在的精神的自我或人格相通，以與那宇宙之大精神大人格接觸。這句話似很簡單，但是詳細說來便有無窮無盡之意義可說。如果實踐起來有無窮無盡的階段，這裏面有無窮無盡的價值可發現，與崇高的幸福可享受。如果一個人眞抱此人生目的去決定他的人生行程，他自然也會隨時遇見很多的苦痛，而隨時發現他自己的罪過。但是人必需要感受苦痛，也免不掉罪過的，因爲人是隸屬於內外上下二世界。所以人根本存在二世界的矛盾之中。有矛盾便有衝突、有衝突便有苦痛。但是人如眞努力向上，一切矛盾無不可和諧，苦痛無不可消除。而且一切苦痛本身有時卽使人快樂，人有時願意有苦痛自己創造苦痛，爲的使他自己精神經過矛盾而更能得更大的和諧與快樂。罪過也是不能免的，因爲人本要求上升於那內部的向上的世界，人偶然下墮便成罪過。然而只要眞努力向上，一轉念則復歸於上，而罪惡無不可消除，此之謂我欲仁斯仁至矣。

所以苦痛罪過也不是可怕的東西，最重要只是向上之努力。

最後我要應用以上的道理來客觀的談談，所謂男女之愛與此種人生目的之關係。我老實同你說世間上萬萬千千的男女關係，只有極少的眞正男女之愛。而且在此極少的例子中的人，他們自己也極少能眞正了解男女之愛的意義在什麼地方。我們以往的關係也本說不上此。但是我實在較許許多多的人能了解所謂男女之愛之意義。我有一種眞正的男女之愛之理想，我不曾實現他。但是千千萬萬的人卻並不眞知這是什麼一回事。我現在把我所了解的告訴你，或者可以幫助你對於人生之一些認識。不過你一定要忘掉這些話出於我，而體會其本身所含的眞理。我首先再同你說，人生的目的所在，只在他內在的精神自我之擴大，而實現那宇宙的大精神。男女之愛只是去擴大內在的精神自我之一條路。你從前說婚姻是人最大的問題，這話有語病，這只是一個問題，人生最大的問題，只是如何使我們內在的精神自我擴大。由此大問題生各種人生問題，婚姻乃其一。但是婚姻雖只是其一，男女之愛只是去擴大內在精神自我之一條路，但是這條路卻是一條佔特殊地位的路。

人如何擴大他的自我，首先是及於他家庭中父母兄弟，這是最自然的天倫之愛。第一步擴充出去便是男女與朋友，朋友推出去則可至民吾胞物吾與也。朋友以後我們不去說他。朋友之愛偏於精神的，天倫之愛本於原始的生理上之一原，而男女之愛則在此二者之交，男女的關係在你們所學的生物學心理學上說，總說是原於一種生理上的性本能，這我不否認。但是這只是從外部看。從內部看則全是精神的。我現在同你說天倫之愛是由生理之一原而來，卽是由生理關係化出精神關係。而男女關係則是要化生理關係爲精神關係，而以此生理關係爲精神關係之象徵。然而人與人的關係只有男女關係才有此生理關係之象徵。我們說人所求的只是其內在精神自我之擴大，擴大其自我卽是要與他人精神相通，相通卽是求合一，合一卽是自我之擴大。然而一切人與人精神相通，只有男女關係中才有一實際的象徵，因爲有身體上之要求合一。此外的一切人與人精神相通均無如此之象徵。然而精神相通必須要求有一象徵。精神相通是內部的，象徵是外部的，內部又要與外部合一，而只有男女關係才有此外部之合一的象徵。所以男女間有三重合一的關係，這就是男女之愛在一切人類愛中之特殊地位。

但是我們必需認清男女之身體上之要求合一，只是一象徵，只能視作一象徵。然而一般人卻最容易執象徵爲實在而陷於肉欲，不知此象徵只是一象徵而已。這是不重要。重要的仍只在彼此精神之相通。所以一個眞正了解男女之愛之人，他所求只是彼此精神之相通，此象徵但任其自然的到來。

但是我們又要知道男女間所求之精神之相通是非常苛刻的，因爲他們要求身體上之合一，所以他們先要求精神上之全相通。然而一個人的精神之全部則包括其一切性情、脾氣、思想、意志各部，這莫有二人是一樣的。不一樣的要求一樣，於是許多問題便出來。這在男女只是朋友關係時，此要求並不顯出，因爲朋友無論如何只是一方面的精神之接觸。然而男女一到朋友以上的關係時，則此要求便強烈逐漸表現。而在結婚以後更表現得強烈。所以世間的男女關係，由朋友到結婚的過程中無不有衝突，而結婚以後恒爲小事而有極大之衝突。這爲什麼？這因爲他們愈要合一，則對於任何小處之不合均感到極大之不滿足。所以男女關係一方是最要求合一的關係，同時卽是最易分離的關係。於是人選擇配偶最要性情相投，然而無論如何相投，在朋友時期在婚前認爲相投者，在超朋友時在婚後亦恆發覺有不相投。何以故？因爲無論如何相投都不是絕對的，而在定情後或婚後則其相投之處大家相忘，於是不相投之處很尖銳的顯出來了。這樣說來男女關係豈不終於是悲劇嗎？

這又不然，因爲男女之愛之目的本來在擴大其自我，如果二人全是一樣則無自我之擴大。所以有自我之擴大正因彼此有不同。由不同而有衝突，但亦由衝突而有和諧。如兩股水要合流便必然先有衝突，如果兩股水不能忍耐他們的衝突便不能合流，而水亦無擴大之可言。所以在眞正的男女關係並不怕衝突，怕衝突的人是不能有眞正的愛情的。然而衝突如何可以和諧，這便由衝突而有容讓。如何而有容讓，這便又必須一方需要求合一，一方要彼此視爲獨立的人格而尊重對方的意志。所以男女間不能只有愛而要有敬。必須有敬，再有容讓，有容讓而衝突便都成可自然剷除之物而不復妨礙合一了。

但是只是加上敬還不够，因敬只是互相尊重彼此之獨立人格。如彼此眞是獨立人格便不能合一。要如何去求合一，則賴乎了解，了解卽是互相認識。互相認識卽是互相以心之光照耀對方之心，於是在自己心中看出對方之心。但是了解有二種，一種是理智的了解，一種是同情的了解，理智的了解是知對方爲如何人，同情的了解則是體貼。

但是只有了解亦尚不够，最重要的是相信彼此之間尚有一理想的合一之人格在上。這點卻是非常玄妙的。但是我們只要眞相信了宇宙間有大精神大人格，人與人精神相通人格相感卽是去實現那大精神大人格。則我們必須相信男女間有一共同之精神人格在上，亦卽全人類的大精神大人格之一部。我們可以說男女之愛的目的亦卽在實現那共同之精神共同之人格。然而以各種男女之愛深淺之不同，則所實現於那共同精神共同人格者亦有深淺之不同。這裏面眞有無窮的等差，這裏面有各種不同的眞正的精神的幸福之感，然而不經驗他的人是無從知道的。

最後我要說人的一切關係根本是一歷史的關係。人根本是時間的動物，時間永遠是携帶過去以奔赴未來。人心的特質卽在能反映過去於現在。動物大約只生活於現在，而人則能重新生活過去於現在。所以只有人是念舊的動物，懷念歷史文化的動物。人的精神根本是積疊的，愈到後來便意味愈濃愈厚，人與人間之情感是如此，男女之情感亦是如此。所以人類的兩性關係希望永久，因爲永久則使過去之情感能不斷的積疊。由此永久之要求而後有所謂男女間堅貞之道德。通常人把這種道德只視作互相約束，眞大錯特錯。其實這種道德只是人性自然的表現，其價值純在使人在現在享受過去的情感聯繫工作所發生的效果。

但是人如果從外部看則人根本是變化無常的，因人從外部看只是一物質的存在，根本是無常的。所以從外部看人則人無所謂永久，而男女間一切堅貞之道德都是靠不住，怎知道將來對方不變，這是永無法保證的問題。然而從內部看則人都要求永久，要求常人都有堅貞之道德。但是我們可眞能直接看見別人的心又不能。所以最後只有推己及人，因自己有而相信人有。這就是信念。離開我自己的信念，便一切都是無常的了。

然而此無常的事也會出現。所以最後所能作的事只能盡他自己現在的心。這卽是說人只有不問收穫但問耕耘。他對於自己所遇的或他人的男女關係之無常，只有一種感嘆悲憫。然而這一種感嘆悲憫根本是超個人的情調。在這種情調中，我們一方雖覺我們理想之不能實現，然而唯其不能實現，於是這理想的存在更明顯的呈露於我們之心，猶如以身殉道的人在其身死時其所要殉之道更明顯的呈露。而此理想之呈露使人認識此理想之實在。這理想之實在的體味，便可與他莫大的安慰。

以上所述的大都是我一向的婚姻觀愛情觀。有小部是我近來才了解的。我認爲一個人如果與他人發生男女關係便當有如此等等之認識而自覺的去實踐他，他的愛情便是崇高的愛情。我覺得你有精神深度，但未開發陶冶到更深，亦不知你見了此信後能自覺的了解此理想而願向任何人實踐之否？

我本不願再說到我個人，但不覺又說到，因爲我的心永遠是開的，所以忍不住又表白自己來了。你知道這一種崇高的愛情整個說來是我一理想。這一理想之大體是我多年前便懷抱的，猶如我之全部的人生理想。但是我自己並非要想親自去實現他。因爲這不是我個人的事，這尙須一對手方。這對手方必須有與我同樣相同的精神之深度的人，而且自覺的了解此理想的。然而這樣的異性我從來不曾看見過。所以我從未追求女子，因爲莫有值得我追求的女子。我之誇大也許是錯誤。但是你可眞曾見一女子很清楚的懷抱如我一樣之愛情的理想的人，我想也不見得有吧。據我所知的一切已成夫婦關係，唯一能實現此理想而表現我上述的愛情關係的，只有我的父親與母親的愛情關係。他們的關係眞是足貴，他們彼此之愛、敬、容讓、了解、體貼及生死不渝的永久關係，眞是可貴。你只要讀我母親悼我父親的詩，你便知道他們的愛情眞是最高的愛情。我前一晌讀之，我忘他們是我之父母，我只把他們之關係視作客觀的愛情關係看，我也覺非常感動。除他們以外我眞是未見過，這也不是我一人之私言，差不多凡知者無不如此說。然而我在何處去找一了解我之人，如我母親之了解我父親的人，我覺得我如果與人有愛情關係，便要是那種關係才足貴。我知道我是不易被人了解的，我實實在在同你說，我常常驚訝我自己如何是如此一個人。實際有許多朋友自命爲了解我，但他們無人眞能了解我。不是說學問，學問不被人了解無關係。是我自己的情調及對於人生的體驗與我內心的許多的意味無人了解。他們不一定是不够了解我，因爲他們不一定眞求對我有絕對的了解。因爲朋友的關係始終是多端的關係。只有男女關係才是兩端的關係。然而女子中是無能了解我者。所以我知道我是永遠不會被人了解。同時我也不希望親自實現我之愛情理想了。所以後來我家庭要我結婚時，我最初亦不定想實現此理想。只是想有一佩服我之人。因爲只要她能佩服我，她或逐漸會求了解我，因爲你說了你對我的佩服，於是我逐漸生出望你了解我之心，實際上我最後目的是實現我這種愛情理想，我要自己來作一例證。然而我們之間原來並無所謂愛情，至少不是我理想的一直都不能算，因爲我們並無迫切的求精神與人格之合一之要求，不過我以前想盡我的力量，來創造一種愛情。通常人說愛情是自然的不能創造的我並不相信。我以爲一切都可以精神與誠意創造的。只是因我誠意不够所以創造不成。我最初並無所愛於你，我是愛我的愛情理想，我是愛我此愛情理想之實現，我愛此理想之實現，是使我自己作一例證。我將來要以此種理想傳佈於人，改善人間的愛情關係。我所想的眞是非常深遠，這也恐是無人相信而能了解的。所以你過去不過實逢作了我要實現此理想的對手方。但是我旣以你爲對手方，我便希望你能共同來實現此理想。我很早想把我之理想告訴你，但是說在口裏有些難爲情，而且你那時不一定眞了解。現在我想你是能了解，但已遲了。我只希望你多同我通信接近以後，我可以自然的方式貫輸於你。然而世間誰是像我這樣爲實現一愛情理想而希望去愛一女子的男子、世間那容易能有一女子能了解這樣獃氣的男子，說來也不過使人發笑而已。所以我不說。但我雖不說，我卻做了些。我希望你能放開你的心不要憂鬱，能更表現你的情緒，能盡量使你的心與我的心相通。然而你卻不能符我的希望，所以我說你根本缺乏體貼溫存的情緒。因爲你生性頗憂鬱，你的心不曾眞正的打開，你不僅對我如此，對任何人都如此。因爲你太沉默，這不是與人接觸之道。也不是擴大你的精神自我完成人格之道。我望你不要如此，但是你使我失望。這不是使我失望，是使我不能實現此理想，使我失望於此理想之實現。我覺得一個人如果失愛，並不算什麼，因爲他自覺曾有了愛。但是我卻不是，因爲我是希望你成爲値得我愛。如何算値得，眞了解此理想便算値得。希望在我們之間有我所理想之愛情關係之實現，我費了力量，我一無所得。我不曾喪失你，我是喪失了我之理想，這是我根本的幻滅，絕對的失望，無法補救的。你來信說你不如我，不願累我。我從來不曾看重我的學問知識及一切技能。人所貴的是什麼？是他的人格與向上的心。說到最後卽人唯一可貴便是使他的心與他人之心相通。從這一念則一切愛敬坦白誠懇忠恕寬厚體貼了解各種優良的人性都出來了。誰是能體貼溫存的人？願意將他自己的心與他人之心相通的人便自能體貼溫存。然而人若自限自小，不願與他人精神相通構成人格的聯繫以實現那宇宙的大人格大精神者，便一切都難說了。我近來深刻的了解人生只有一念向上超越自己，則立卽超凡入聖。然而這一念眞難啊！此人之所以可悲也。我想你之不願與我談婚姻，一定除你所說之自覺缺乏溫存體貼之柔情及不如我外，必有其他原因。因如果只有此原因，我覺是不成理由。但如有他因亦非我可奈何。你不能眞認識我人格之可愛處，認識我崇高之理想而與我共同實現之，我又何所繫戀於你。因爲我要想愛你惟一之條件，卽是你能上升解放你之精神與我接近。我覺這只是一念之翻轉，但是你不能將奈何。只是我愛我過去之努力的歷史，所以我不能忘情。你或不能體會到不忘情之故，我就痛快的告訴你我之人生理想與愛情理想。望你自己與他人去實現，理想是客觀的，何必要我同你實現，一個眞愛理想的，最後他總是忘掉他自己的。

君毅　一九四〇年五月五日

第七信

廷光妹：

來信奉悉，一往流露你眞實的感觸而無絲毫顧忌，使我非常感動幾乎流淚。我並未絲毫想到你以往與我之關係及可能與我發生之關係，我只是純客觀的接觸到了一個青年的心。但是我看了信以後不能不想到我自己。我希望你不要再想你的過錯。我決不說謊，的確我的過錯比你多，因爲你更單純更純潔，而我的心理常常曲曲折折的，罪過永遠是比單純的多。實在說我常常都覺到自己之過錯罪惡，我只有一點長處，卽是我願意自己認錯，願意努力改悔，願意受過惡的懲罰，如果由我的過錯而受苦痛，我願意擔當。願意以苦痛爲靈魂的糧食。同時我也不太看重自己之過惡，因爲人總是有過惡的，人之可貴在向善，但無過惡也無善。一切生物中只有人眞知向善，但是也只有人才有過惡。過惡與善同時存在的，善之所以成其爲善，卽在能反乎過惡。但是無過惡也無反乎過惡之善。人生一切都是在矛盾中發展的，有苦而有樂，有醜而有美，有錯而有眞，有惡而有善。苦醜錯惡是壞的，樂美眞善是好的。但是好的之所以好，卽在其克服壞。無壞可克服亦無好可言。猶如作戰而戰勝是光榮，但無敵人亦無戰勝之光榮，人要求戰勝便不要怕敵人。人要求眞善美樂就不要怕錯醜惡苦。一切東西永遠是相反相成，紅色與綠色對比則紅綠之色俱增。眞美善樂之可貴正在其與錯醜惡苦之對比。愈與相反對比，正面之價值愈顯出。所以個人受苦痛是不幸，犯過惡是不幸，然而不受苦痛不犯罪惡亦是不幸。只有經了苦痛而能保持寧靜，創造以後的快樂，經了過惡而能改悔過惡成善，創造繼續不斷的善的人才是足貴。我們眞知道這道理，我們當不再黏滯於自己過去之苦痛過惡了。我們不當黏滯於自己之苦痛與過惡是對的，但是自己之苦痛與過惡卻當坦白的表露承認。因爲當苦痛表露時，苦痛便減輕了，過惡承認時，善機便開始了。

我看了你此信中說到你一歲多喪母親一節，使我想起你最初同我寫的那信來。你曾說你不曾受到母親的愛，你感到世間除了母親之愛以外，便莫有更可貴的東西了。你第二信中又說到，你曾在一家鄉的山上想學佛，對於人生有消極的意思。我想到此我願意向你再承認我之過失。實在說在人生的路上我是比你幸福多了。因爲我的父母弟妹都很和睦而相知。在朋友方面自入中學起，我一直是當作小弟弟一般爲朋友所愛護。有幾位已故的朋友，他們對我視作比其他任何人還親。自然我過去的身世所遭之變故比你多，苦痛也許比你多吧。但是在母親的愛及家庭中毫無問題上則比你幸福多了。這一點我實應當對你表示深厚的同情。但是我以往對於你這些地方的關心眞太冷漠了。我只覺你不了解我，不能對我有安慰與溫存，你太憂鬱不活潑，自然這些都是從我個人一方面着想，自然我是抱有一婚姻的理想，那是無私的。我也很希望你好，但是我實在不曾眞體諒到你過去的環境。又你讀書也不順利屢經變故，而且一人到數千里路之遠去讀書，如果是我自己的妹妹，我將如何不放心，但是這許多地方我想到時眞太少了，我只是偶然想到也未在信中慰藉你，我只望你慰藉我，這眞是我不恕道的地方，直到現在你寫此信，我才驀然想起來，我眞是難過。就在這方面我之罪過便比你大。因爲我是深知道人與人間的同情安慰之寶貴，我自己作文章來宣揚這些道理，然而我自己竟不能實踐。我先奢求於人，孔子曰所求乎朋友必先施之未能也，這實是我之錯。我接受了家庭朋友許多愛，我並不能眞正散與他人，這也是我之錯，你無意中的流露使我又發現我之錯，我應當感謝你。

的確我不希望你再說你有過錯，你的過錯比起我之過錯更少。我此外還有許多不對的地方我自己知道，但是我想過去的錯已過去，人生的路程還長，總可補救於將來。你說你自己辜負了我，我實在並不如此想，你望我恨你來減你的罪過，這是不可能的。我前信望你如此對我的確不對，那是一時一極難言的心境，那是不對的。所以你望我如此對你也是不對的。如果我眞恨你我將專從你的不對處去想，現在我想你並莫有那許多不對處，縱然有由你最近兩封這樣誠懇的信都一概抵消了。我如何能對你眞有恨呢？那你不是要我犯過失嗎？

我並不覺你有過失，但是你來信竟如此眞切的覺你之辜負我，這在我雖不以爲如此，但是一個人想他自己有過失，專從他自己方面去想他對不住人，這是很可貴的心理。能常見得到自己不是的人，便是一可愛的人。你這種自己責備的美德，我不願抹殺。你信中提出你將如何補救你幼年失母和辜負我二件最痛心難過的事，我願意站在客觀的立場，向你貢獻一點意見，也許可以對於你有些幫助。我實在向你說人生根本是苦痛是悲劇，人之可貴卽在承擔苦痛與悲劇。第一件事便是一切人都是要死的，世間莫有不散的筵席。我記得在成都時，有一夜曾想到死的問題，我想我同一切親愛的人都要一一在死前分手，我便幻想到我之父母弟妹朋友在最後將要入各別不同的棺材，散到各處不同的墳山，似乎見每一人都瞑目向地中沉去，那一種想像眞使我感到極大的悲哀。這一種情緒常在我心中。我每當見一羣一羣的人聚合時，我便不禁要幻想他們都來自不同的地方，又散歸不同的地方，最後則分別入黃泉，我常想到此事而流淚，但是這都只是我一面的思想。在另一方面我相信靈魂不朽，我愈覺死之可悲，我愈覺生之可貴，假如一親愛的人死去，我們便再不能向他致其親愛之情，那麼在生前我們便當更努力向他致其親愛之情。如果一朝他眞死了，則我們不能對他再致親愛之情，我們便當更憐惜其他的生者。愛在心裏總是有可施的對象，因爲人總是繼續不斷生的。死者我們除祭祀以外不能表我們之愛，我們還可對其他生者表示。所以人只要人類一天存在，我們心裏的愛總是有可施之處的。所以主動的去愛這問題是死所不能阻礙的。至於被動的爲人所愛這係於人的幸運。人不能得一種人所共同能得的愛的確是不幸。孟子說幼而無父曰孤、老而無子曰獨、老而無夫曰寡、老而無婦曰鰥，此四者天下之窮民而無告者也。文王發政施仁必先施此四者。鰥寡孤獨確是人生之至不幸，但是一個人眞處於一不幸之境況中，都有辦法忘掉他自己之不幸，卽是想與我同樣不幸的人對之同情，而發心使以後的人不再陷於此不幸。一個人最高的情緒生活卽是把自己之情緒客觀化普遍化，人的苦痛悲哀賴此而淨化而沖淡，快樂幸福卽賴此而加強而變爲崇高。記得我在十七歲時到北平去讀書，父親送我上重慶輪船，到凌晨船開時，父親上了囤船，此時朝露迷茫，聞輪船機聲一動，我不禁感離別之苦而流淚。但我馬上想到古往今來不知有多多少少的人在離別時感我同樣之情緒，頓時覺得此時之情緒變爲一客觀普遍宇宙的情緒，若與古人一切父子兄弟夫婦離別之情緒相通者，我頓覺我之情緒變爲極純淨亦富意味之情緒，我同時想到如何使人類不再感離別之苦的問題。我再舉一件最近的事與你說吧。關於我同你的問題，前一晌曾使我相當苦痛，因爲我覺人之相知實在不易。婚姻之事實爲糾紛。我便想到人類中感我此苦痛而更深者不知有多少，我同時因我妹弟之婚事亦勞念在心，覺現在合我之標準之可愛的男子女子均太少了。我便曾發一願要使人類中多有一些可愛的男子女子，並且想根據我自己及一些朋友在婚姻上所受的教訓，並參照一些人生道理來作一關於婚姻之道的書。我因此悟到人只要把他自己的情緒客觀化普遍化，便可轉移他自己的情緒而成爲有意義有價値的情緒。此外我們如果在感到快樂幸福的時候，我們能把此快樂幸福客觀化普遍化，這也是一方成爲使人快樂幸福之心，同時自己所感到之快樂幸福之程度也格外不同。譬如我們到自然界中覺到水流雲散、花放鳥啼之樂時，我們不把我們自己與自然對待而欣賞自然，我們自己便自視爲自然之一部，如雲如水在自然中流散，如花如鳥在自然中啼放，我們自己也便如自然的大生命之一部，我們之快樂便也如大自然在表現其快樂，我們自己成爲大自然自己表現其快樂之一 organ，如此則快樂也更深更遠。這一種關於共樂問題之人生智慧，都是可以實驗的，你不信你可以去實驗。所以關於你母親的早逝我望你不要悲哀，你想着母愛之可貴，你便要想如何可使母愛長存於人類，如何保護人類之母性，培育人類之母性。其次我要告訴你不能眞相信你母親已死，因爲你自己還存在，你要深切的認識你的身體卽是你母親之血肉，你的精神卽你母親之精神，你你母親之精神。深切的想、親切的想、親密的想，這將使你生莫大的慰藉。但是要低下頭看你的身體，想這就是你母親之身體，用自覺反省你之精神，想這就是你得自己實驗。我的話都是實驗而得。你要愛你自己之身體精神如愛你之母親，所以古人說要愛親之遺體。

如何使失了母愛的孤兒也獲得與母愛同等的愛，我再說一句不顧忌的話，卽你當如此想，如果我自己作了母親，我當表現更偉大的母愛與我之兒女與所有的孤兒。這話我本不當說，但是道理正當如此。至於關於你同我的問題，如果你眞還是覺得難過的話，我想唯一能除你難過的方法，也還是把你此情緒客觀化普遍化，而想着人類同類的情形一定還有，而以普遍的同情再擴充你對你自己，同對我的同情，這樣使你的同情更偉大更崇高。同時將來總還有與你發生同樣關係的人，如果你眞覺辜負了我，你就不要再辜負他吧。其實你並未辜負我，不過姑順你的話說。廷光妹！我失悔我不該在兩次信中帶些有情緒的話使你心亂，我自己知道我的情緒不健康，因爲有些太特殊了。不過我自己同時有清明的理智，我是常多感傷，但是我的理智可以使我又忘掉他。我同人談笑時總很多。我悲哀我自己，也笑我自己，我的苦痛實在不算什麼望你放心。我以我不健康的情緒感染於你，這是我的不對，望你不要受我的影響。我現在寫此信我是把我的心先放平靜來與你寫。我的一切話都是出於清明的理性，我希我清明的理性也能感染到你，而使你獲得安慰。你不要再說你的良心使你難過。過去的事總怪我不應當有過多的希望，希望你全部靈魂交給我，所以我自造許多煩惱，我把我的煩惱一齊埋葬不再使你見吧。我希望以我清明的理智使你忘掉我，使你幸福永遠的幸福。

你這信眞感動了我，你說你已眞了解了我、你的心完全打開，你的悔恨、你的苦痛我通通眞實的接觸到。但是你不是已離開我了嗎？你不是自居於朋友的妹妹嗎？許多話在我現在的地位眞不好再說了。而且你的話是你一時的情緒還是你近來常有的感觸？只是對我不健康的情緒之反應，還是你自發的情緒？我眞不知我將如何慰藉你。我最後只有以同等難過的情緒來報答你，我不知你將如何告訴我，我仍希望你能在最近照一像寄我，我覺到最近的你眞激動了我的心，我願看見你與你的像相伴，不知你能允許我唯一的懇求否？一年多來我陸續寫人生之路寫了八部，我將陸續寄給你看，當可以解決你一些問題，因爲我這書都是從自己生活上的苦痛罪過，自己體驗而得的。祝你安好

君毅 一九四〇年五月廿四日

第八信

廷光妹：

最近以前我曾寫一信給你，我相信其中一切的話都出自我比較清明的理智，但是人生總是有矛盾的，我一面有清明的理智，一面有動盪的感情，理智是冷靜的，感情總是熱烈，此二者對於我並不交戰，但常常交替的呈現，我覺得他們是互相幫助，感情供給理智觀照的材料，而理智則規範感情，感情如水，理智如河道，人生最高的理想是情理合一。在未達此最高理想之前，二者便常互相交替，所以我寶貴我的理智，也不過抑我自然的感情，感情要流露，便讓牠流露吧，實在說我同人接觸都是用我理智一面爲多，我希望在你面前得一自由發洩我感情的機會，所以又忍不着再同你寫此信。

的確人生最大的可悲是當一好的東西在我們面前時，我們並不眞發現其好，當我們發現其好時，他已離開我們了，我想到好的東西如鏡中的東西，一切東西本身並不覺其可愛，但映在鏡中則特別可愛，然而鏡中的東西都是離我們而捉不到的東西，這眞是一不可了解的矛盾。我以前對你不滿足是你距我很近，但我發現你許多好處時，也是你離開我之時，你此信說你以前對我不眞了解你現在才眞了解，你也感到我與你距離遠了，你的難過我相信是眞的。我現在也仍然覺得難過。但是你說過去有的許多變化才使我們互相認識，變化已成事實，一定無法挽救，的確過去許多變化已造成我們之間距離，要克服這距離眞是一困難的事，而難於挽救的。

但是誰造成我們的距離，我們都說是命運，但是誰造成我們之命運，這眞是一外在我們之一不可知的力，還是我們自己。我想說是一不可知的力也對，但這力如果不通過我們自己這力也不會支配到我們身上，最後不還是歸到我們自己原有之距離自造之距離嗎？爲什麼我們自己不能克服自己造的距離呢？如果我們眞要克服的話。

但是距離既成了一事實，便有一問題，如果我想克服他，我不知你願不願。

如果你想，你也不知我願不願。自然我們彼此都能互相同情，然而有了同情這問題便複雜了，因爲如果無同情，各人只替他自己想，有了同情各人尙要替對方想，你的信中說，你覺得我不值得爲你犧牲，這是你自己謙虛的話，但是在我又當如何想呢？我能够斷言你同我好對你必然是幸福嗎？我最是遲疑。

如果就這樣下去嗎？但是我們何以都覺有一缺憾，都覺有所歉愧，你要我替你解決這問題，我眞不知如何解決。假如此時有一第三者，他或者可以在客觀地位作一評判，然而卻無此第三者，那只有我們自己居第三者來看我們間的關係應當如何解決法了。我現在便來作一第三者來提供一種意見，我不管你願不願意，我只是說我這面的話。但是我相信我的話是本於我對我與你二人的同情而發出的。

我首先同你說，我的婚姻問題有不能長久拖延之勢，或者結婚，或者不結婚不能長久成爲懸案。因爲我母親也一天一天的老了，她對於兒女的婚事常常夜間不能睡，至妹今年已廿七歲，她的婚事更難，恂妹在川大常有許多男同學煩擾她，她爲避免麻煩，幾想輟學。爲了家庭我之婚事不能不早解決，但是隨便解決我犧牲太大。我總希望一能了解我之女子，所以我這兩年來便希望你能了解我。

自去年你少來信又聞謠言後，母親常來信催問此事。母親原是喜歡你的，但是你的情形既如此，我便不知如何安慰母親的心了。本來我的婚事一向為朋友注意，人既不知我與你之事，常常有人要為我介紹女友。本來作朋友無關係，但是所謂介紹女友者都是作婚姻之預備，這我便不能馬虎了，因為這種事要負幾方面的責任的。我不曾忘掉你，我便未交一女友。但是我老實告訴你，我也想過如果在你絕對無希望時，我為了家庭如果有相當的人我也終難免掉此事。在數月以前我並不覺你一定比他人好，因你使我失望太多，但是我唯一想的是不當先負人，這是我的道德。其次，我還是想着以前一句老話，衣不如新人不如故，人根本是歷史的動物，所以我始終要待你最後的決定。但我亦同時想到你畢業尚有三年之久，時間也太長。如果你眞是同他人戀愛，亦係兩得其所。後來你聲明無與人戀愛之事時，我仍念你對我了解程度不够。所以寫那發許多問題的信來問你。在你那封發脾氣的信為我所收到時，我突然深感到你之自尊剛直眞實許多好處，至於最近的信我復發覺你也並非眞缺乏柔情不能體貼，只是你未用之於我而已。（我把從前的一切都告訴你，表示我對你坦白，同時反襯托出我現在對你的眞心）這是因你以前原不眞了解我，我如何能怪你。實在說是最近數月我才覺你本身之可愛處，以前我只是希望你改造你自己成爲可愛，因你之沉默我尙未發現你這些好處通通是最近才發現的。但當我發現你這些好處而接觸到你的心之深處時，你已離開我。我最近同你寫的幾封長信，也無多別的意思，我只是希望把我已往的心境求得你友誼上的原諒。但是你最近來信把此事作爲你平生最難過的事，我從你的信中看到你最柔嫩而富於感情的心。我首先是對你之同情，我同情你是無母的孤女，我同情你一人讀書於數千里外之荒寒之地，我同情你所遭遇的婚姻之不幸擾亂了你的學業，也躭誤了你的年華，我眞是忘了我自己。但是我對如何表示我的同情，如果你眞是如你所說希望補救你的罪過，我很可以告訴你一個辦法，但是這辦法我將如何說出口，究竟是你同情我而說那話，還是你自發的要求我是不知道，如果只是因同情我，我想我只要告訴你我心中仍平靜便可安慰你了，所以我前數日寫那一封用淸明的理智寫的信。但是你如果自發的要求我將奈何！我想有一辦法可以補救你所謂良心的責備，這辦法同時是我心願。我實同你說，我由對你對我同情的感謝與你近來這樣眞誠坦白的態度的接觸，我覺到我們的心之間有一種溝通，這一種溝通本是純友誼的，但唯其是純友誼的更可貴。老實說人間男女的關係那有決裂以後還有如此之同情與赤誠之表白。就在這一點上，卻一轉而使我生一種望有你的心，這自然是一種私，但是在男女間關係上，某方面的彼此望成爲所有，亦不算罪過吧。實在說單爲我計，我現在不願你成爲他人之伴侶，因爲你有同情有赤誠有自責的良心，這許多東西是在其他女子身上不易發現的，縱然有其他女子有這些，但是她同我不會有你與我這樣久的歷史關係，我所求的不是女子之了解我嗎？現在你不就是一已很了解我之女子嗎？我實在不願捨棄你，再與其他女子周旋。而且我想縱假設有另一女子眞如你之了解我，但是如果我眞愛她，我能將我同你之關係儘量同她說嗎？如說了她還能諒解嗎？如不說我如何對得住她，我想到那時必然不會同她說的。則我同你的一段關係將永埋葬在心之底再不願想起了。我從各方面想我實不願你眞離開我。我現在不管你意思怎樣，我覺從我的立場我不害羞的說，覺得你値得我愛，我願意愛你。我所愛你不是別的，只是因我感到我們的心間有一種眞正的溝通。你說你現在已眞了解我，你對於我無不滿意，我爲什麼不先說出我的意思，男子不是總先說出他的意思嗎？我爲什麼要顧忌我的尊嚴，我爲什麼一定要對方先表示，我現在老老實實的表示。這句話是我從未表示的。我現在就寫在紙上，作爲我第一次向女子求愛吧。

以上的話我是想了才說的，因爲我想來想去，我想世間最可貴的東西只是道德與性情。最可愛的人應當是有道德性情的人。婚姻的條件也應以此爲主，因爲其餘一切條件比起來便都無足重輕，我的哲學告訴我應當如此去擇配偶，我的感觸也是如此告訴我，我覺得在這一點無他人能及你，縱能及你，也無與我之歷史關係，所以從道理上來講，你成了我唯一的對象。

廷光妹這是我不顧忌的話，你究竟現在的意思怎樣我全不知道。我從你最近之二信，知道你對我之同情與對你之自責，你並希望挽救，不知是否眞的？如果是眞的，你現在還可以挽救，因爲我現在已來接近你，如果你覺你以前辜負了他，不曾使他滿足，你現在不要再辜負他了，你要滿足他只在你之一念眞心的繼續，這是你所作得到的。你不要想你有任何缺點，他決不因爲你有任何缺點而看輕你，他所取的只是你的性情與良心，他所望於你的只是你眞正繼續打開你的心。如果你有什麼缺點，他至多只希望同你想法改善你之缺點，如你之與他共同改善他之缺點。他無所求於你，所求的只是一純粹赤裸的心。你自己細細想想吧，想想他的道德如何、性情如何、人格如何、其他條件如何、過去對你如何、他一生的志願如何、他所望與你發生的關係如何、他是否值得你佩服、值得你愛。你還要想想是否有其他更與你適合更可愛的男子，你可以比較，因爲他之對你也是比較的結果。他現在之如此對你，一方是爲他自己，一方也是爲你自己，因爲他以爲他可以使你幸福使你進步，他望你扶持安慰他，他也將扶持你安慰你，你也不要想他如此之對你是有所犧牲，因爲他並不自覺其有所犧牲，你也不要想你的學問不如他，你也不要想你缺乏什麼溫存體貼的情緒，如果你眞願信賴他，他絕對不計較一切，以至你過去任何程度的過失他都可諒解。他可以使你對人生認識增加，人生意味加濃，可以使你更富於一切好的情緒。因爲他自身在向好，你如果眞對他好，就要幫助他向好，他將以他之好再貫輸於你。他並不希望你身體常在他之旁。自然從人性的立場講，那有不希望身邊有一女子，但是只要一女子眞是絕對傾心於我，這一切我都願犧牲，因爲心所需要的只是心之聯繫，身體之接近只是一象徵而已。他只希望你的精神常與他感通，把你的一切感觸告訴他，你有什麼問題時，儘管問他，他決不笑你。眞的你只要想想他的態度、他的著作、他的見解、他的朋友對他的愛護、他同你寫的信之內容，你可以客觀的想想這樣一個青年決不是平凡的人。確如你所說相當有偉大的地方。他就是愛一女子都不是專從他自己作想，我望你相信他的話不是扯謊。你可獨到荒郊把關於他的一切瞑目細想，你可以在你心中現出一未來的人物之影子，你如果覺比不上他，眞覺他相當偉大你不配他，你便要想你如果了解了他，你便比他更偉大，因爲你的心包括了他。如果你一時作不到此，我希望你努力去求了解他，他比你長，他的確有許多値得你了解的。你眞佩服他，他並不因此在你之上支配你，他對人的佩服願帶着眼淚感謝。但是你如細細想了之後，覺得因種種關係仍不能與他談婚姻，你也可以明白告訴他，縱然你拒絕他，他決不眞失望，因爲他的確有清明的理智。因爲他的確有清明的理智，他仍當祝你幸福。但是你如果眞把一切想了以後而眞發現他之可愛，你便再不能遲疑害羞，你要捧出你之心正式表示眞願意愛他，願意投入他精神之懷融於他精神之內。你要相信人必須投入一更高的東西而解放其小我。他自己的精神常常在求他佩服的人與之合一，他的精神常常在追求精神的聯繫。他信佛信聖人信神，因爲他們比他高，他對於你他也承認你某方面比他高。但是他很客觀的想你應該上升於他，你當努力投入他精神之懷而使你上升，同時促進他的精神。他希望你信賴他崇仰他不是他的我慢，你只要眞有一天從你自己解放忘掉你自己，好像願將你靈魂交與他，讓他的智慧意志情感都貫注滲透到你的全生命，你一天會了解什麼是偉大永久的愛情。這他現在也不了解，但是他相信。因爲他相信人與人心相通時，便透視出了一精神的實在，而感到一比他與你更高更偉大的東西。他現在之望你愛他，不是爲他，也不是爲你，而是爲透視那精神的實在。這意思眞是太深遠了。如果你一時信不及此理，你便姑且由信他之不說誑而暫時信仰一下吧。他現在勸你愛他，你不要再辜負他熱烈的情感了。他寫此信眞是一半爲他，一半爲你。如果你不拿出最大的勇氣寫一封同樣熱烈的信與他，他與你之距離將日漸遠了。你也不要替他難過，你也不要難過，讓命運安排一切吧。但是說到最後，他還要望你認識他赤誠的心。

我要再深切的同你說，人生的意味都需要在矛盾中感受，男女相反這中間就有一原始的矛盾，因爲矛盾要求解決，然後會有相求之事，因爲其最初是矛盾，所以以後常創造矛盾而成苦痛罪惡之原。所以耶穌聖經說，亞當愛夏娃成人類之原始罪惡。人生而有罪，一切宗教家必需根絕這一回事。但是人類卻由此而生，每一人的生命都是此矛盾之結晶，所以人生下來便含此矛盾。如果人要肯定生命，便要肯定此矛盾。只有經過此矛盾而戰勝之才是眞實的生命。一個人如果在此矛盾中經過訓練，可以使你更能忍耐更細緻更強有力。人如何處男女關係需要教育，然而男女關係本身便是教育。其實我對人生是看得非常透的，我知道一切人間的幸福最後都要幻滅。譬如人間最美滿的姻緣吧，最後總有一人要先死的。我們試想到一人先死時，他們臨死之際的悲哀是如何，我相信他們生前之幸福愈多，此時之悲哀愈大。這二者全是依正比例而發展。我們可以說這苦樂是相等的。一個人眞是看透此理，他必然隨時可以出家的。但是我以爲只從苦樂來看人生不是最高的看法。眞正的人生觀，應當是經驗人生、體驗人生。縱然最後一切都虛幻，然而最初我們必須執着眞實，然後才可能了解那虛幻之意義。縱然最後歸於苦痛，然而最初我們必須執着幸福，然後也才能了解那苦痛之意義。不怕苦痛而追求幸福，眞是最悲壯的人生態度。我告訴你，如果一個人眞是精神上升到一境界，他不僅需要幸福，而且需要苦痛。因爲人所最需要的東西，只是有力的東西。苦痛而有力時，亦就使人感着一種幸福。我同你說當那次歐陽老先生罵我時，我一方面很感苦痛，但是我同時很高興。因他與我一刺激我感到一力量之貫注於我，受一種力量之脅迫。人眞是放開胸懷去接受力量時，眞是人生最高的幸福。

所以我不反對男女之相追求，因爲他們彼此間有一種力量在互相脅迫。但是我未曾追求女子，這是因爲我不曾發現一值得我求的女子。直到現在我直接愛的仍是我的婚姻理想。我求你是因爲你表示對我有同情、有了解，我覺得你之可愛處是透過我之理想來的。但是我所求於你，卻不是你直接愛我。因爲你自己說你莫有我那樣鮮明的理想，我希望你透過愛我而愛我之理想，這的確不是我有任何自私，因爲這是我們之間實際的情形。不過同時你要知道，我透過我之理想來求你，我之求你是更強烈，更表現一偉大的力量，實際上是更重視你。你要能放開胸懷感受此力量，你將感你是幸福的。四妹在川大，有二位同學對她很好，我就坦白的告訴一些男女婚姻的道理，我說你如果眞是認爲好便不要顧忌，因爲誠心的男子是不多的，不過她都拒絕了，這或許是她不以爲然，或許是她怯懦，那是另一問題。總之我的意思是情感要強烈，好的東西如果我們眞要他，我們便不要放鬆他，而要去征服他。我希望有人征服我。此所謂征服，意思非常深遠，而且指人生的各方面。同時你應當知道在一種偉大的生活中，征服失敗與被征服的意義價值幸福是相等的。所以你如果不能同意我的提議，你拒絕或既不能同意又不能拒絕，而只將自己之矛盾心理寫出也都可以，但是必須是強烈的。因爲我需要的是強烈的感情。而且當你能對我有無論贊成與否或二者間之強烈的表示時，你的生命力也就解放出來了。

廷光妹，我同你寫信似乎對此問題很認眞的樣子，這是應中庸所謂君子無所不用其極之一句話。實際上我只要把信寫了，心就放下，我決不因此而使我生活擾亂，我希望你也能如此。應當把這些事當作學問當作受教育，藉這些事來充實你的生活，萬不要妨礙到你的日常生活，如果這樣我眞是有罪了。

你看我的信一定要忘了你自己看，再放進你自己看，再忘了你自己看。我望你犧牲一些時間再看一次，我自己也看了二次。我忘了我自己來看此信，我覺得這信眞不是我寫的，而是神使我寫的。其中的意味眞是深厚不可測，決不可從文字上求。我寫人生之路寫到第八部名曰意味之世界，有三萬字，我說宇宙只是一大意味，人生卽領悟此大意味之意味。一切的語言文字最後都是不能眞表達宇宙人生的祕密的。所以佛說法四十九年最後說無所說。莊子說言無言終身言未嘗言。孔子說天何言哉，余欲無言。耶穌說上帝在你心裏。科學上的道理可說，哲學上淺近的道理可說。最深的道理是理又是情，情理交融成一意味，意味只可默默的感受，澄了心，靜了慮在山間水涯忘了自己忘了人忘了世界，靜悄悄的只聽見自己的呼吸，只覺到自己的脈膊，以至這些都忘了去感受。一切偉大的著作的文字都是一象徵，是指不是月，如見指便不見月。所以一切滲透宇宙人生祕密的聖哲，都要人忘了他的語言。忘了語言以後而領略語言以外的意味，便只有體會讚嘆。所以顏淵要喟然嘆曰。佛家有讚嘆，耶穌有頌歌。宇宙的本體是什麼？是生命精神。人格的本體是什麼？是生命精神。生命精神是無法表達的。所以此信所象徵的生命精神，亦無法表達的。這生命精神自然尚不是最偉大的，然而卻是與最偉大的生命精神相通的。無論我們的婚姻成不成，總之你如能由我最近一些信而接觸到我之生命精神對於你是幸福的。但如你不能眞忘了你自己，躺下全身，在山間水涯去默默的感受，你是感受不到的。我希望你能感受到，因爲我此信不能有第二人看了。一切東西都希望投到一更高的東西，如我信中所表現之生命精神爲你所感受。則你包融了牠，牠便算投到一更高的東西了。其實說到最後我的一切希求都是不重要的，唯一重要的乃是你要透視過我信紙之後面而感受牠，眞是妙不可言。但是不可言的又言了這許多。這是不可解的矛盾。然而你只要忘掉這言不可言的本人，此矛盾又解除了。你要默默的在山間水涯去感受呀！

君毅　一九四〇年五月廿七日

第九信

廷光妹：

你的信我又看了幾次，這眞使我苦痛，我失悔在我得你那封發脾氣的信以後，何以還要繼續寫那封自己表白的信給你，使你難過。如果我們當時因彼此不相了解而斷絕又何妨。如何偏偏由我的信又激發出你對我的同情與你對自己的悔恨，而你又把你的同情與悔恨表現於我，使我覺到你之好。我前信已說明不希望你再對我有同情自責與安慰，爲何你此信反表現更多之同情與自責，而且由自責而自己嗟悼。你說你希望我恨你來減輕你的罪過，這如何可能。如果你眞是缺乏良心與同情的人，我可以厭你也說不上恨你，因爲你過去只是不了解我並不算你的罪過。但是你在此信中反表示這樣多仁柔之處，我將從何恨起你。我前說寧你怨恨我，因為這樣我可不想起你。我又說你最好與別人要好，不知你做莫有？如果你如此，我也可以全不想起你之好處。你望我有其他更好的女子，但是如果我不忘掉你之好處，你不厭恨我，我有什麼情緒轉移到其他人的身上？然而偏偏你對我是同情，你的良心又使你自責。你說你對我無不滿意之處，而且不要我再如此問你引起你之難過。你的好處直接脅迫我的心。如果我希望有一同情我了解我之女子，你不就是說已眞了解我而且眞同情我之女子嗎？縱然有其他更了解我更同情我之女子，我如何能捨近求遠。所以你的信要我恨你來減輕你的罪過，你可曾想到你的話實足以生反面的效果。自然我對你之好處可以純粹取欣賞的態度，對你之同情但以同情來報答。但是這眞做得到嗎？我覺得是太難了。而且人對他人的同情，只有對自己不負責任之事才能單純的以同情了事。如我之同情你早失母親，或你之同情我之喪父，這是可以單以同情了事的。而我們現在的同情關係眞有點難說，我已往對於你之不了解我，不能如我之理想而失望受些苦痛，而你所同情我的即是此事，你慨嘆你自己之辜負我，望我有其他更好的女子。如果是別人對我如此同情是莫有問題。然而發出此同情的是你，而且你的信又如此之眞切，你以此為你一生最難過的事，你覺你只有繼續安慰我才能補救你的罪過。因你不願我爲你犧牲，你自以爲配不上我，但是這話從何說起，如果我過去眞是對你失望，除了你又誰能挽救我的失望。如果我過去是希望你能實現我之理想而苦痛，你離開我了一切安慰的話有什麼用處。反過來說，如果你現在的苦痛眞是覺到你辜負了我，我有什麼方法來表示我之同情來安慰你。我如果要去掉你此苦痛，我只有望你有補償你自以爲罪過的機會。這只有我把我自己當作另一人一般送來重新接近你，望你不要再辜負他吧。但是這話眞是難說明。但在另一信中，我終於說了，我那信本不想交，但就作爲我感想來交也是應當的。

的確你的信感動了我，你說因你母親的早逝，所以幼年郎在驚濤駭浪中生活，所以造成冷淡孤癖的性格，你說你過去之使我失望由你此性格使然。這件事我早應當想到。我有父母之愛養到成人，有和睦的家庭，你莫有這些，你的憂鬱不善表示於外，都是你不幸的環境使然。我過去眞不當怪你，我當先同情你。然而我只望你對我溫存體貼，我並不曾對你一生的不幸有溫存與體貼，我望此本來未受過人多少溫存與愛的女子發出對人之溫存與愛，這眞是我的罪過。我寫到此的確含了兩眼的淚，我願意向你眞切懺悔，我把眼淚塗在紙上，以表示我這刹那間的眞情。人生的事情實在難說的，我自己知道我之愛眞善美神聖過於許許多多千千萬萬的人，但是世俗的觀念我又何嘗擺脫得盡。我對於你的憂鬱一方固然是覺你太不把心打開與我交通使我不滿，但是我一方想我將來還要在社會上作事，如果你眞作了我的伴侶，你這種憂鬱同人不喜交通情意，如何能幫助我接觸許多朋友，這也是我總想改變你的心使你的心放開，變冷淡爲活潑變憂鬱爲愉快之一因。這全是我的私心，不過我想我的私心也非全不對，因爲我不能不管我之伴侶能幫助我在社會上作事呀！然而這一些心理到底是私心，對於眞正希望成爲伴侶的人，首先一步應當是同情，絕對的同情，完全以對方之心爲心的同情。我在這一點上未作到，我不曾眞對你之幼年喪母等表示深刻的同情而原諒你之一切。我如果要改變你，我應當由最高的愛來改變你，最熱烈的同情來改變你，而且應當用最自然的方法，不能屢表示於文字使你感到你自己之缺點而自己難過。然而我未作到，我對你才眞正是太痲木太冷漠了。我現在痛快說出我之過失，我才是眞的對不住你，你並不算對不住我。望你忘掉你對不住我之一切吧。我把我最大的罪過告訴你，使你不要再想對不住我了。

但是我的過失我知道，人總是人，總是在當時不自覺其過失，過後才知道。人之犯過由於人性之弱點，我們應當悲憫自己之過失悲憫他人之過失。如此我們就更進步了。又我自然有許多過失，但是我始終未忘卻人與人間的同情是最可貴的東西。我始終未忘卻人與人間的義務。我始終知道最可愛的人是富於同情與良心意識的人。我想就全部說我還是這樣的人。我並不寬假我自己的過失，我始終希望我更好一些。

我想我現在應該對於你表示一更深的同情盡一更深的義務，關於你的苦痛我想可以有一補救的方法，關於你的性情上的缺點如憂鬱冷淡之類亦有一補救的方法，我將不復有所顧忌來同你說吧。

實在說我們之間雖有同情，然而尙並非愛情。我從許多西方的文學哲學中，我了解了眞正的愛情當於何處求，其本身有何價值與意義。我現在同你說並望你有機會與任何人去實現。我同你說人類要求其精神之改造自我之革新，本來只有一條路，這條路就是忘卻自己。忘卻自己可以使人成一嶄新的人格。忘卻自己可以走宗教的道路，如以自己生命獻於神。可以走學問的道路，如以自己生命獻與眞理。可以走人類愛的道路，如以自己生命獻於人類。這一種獻要是眞正的獻。眞正的獻都是一突然的感情覺超越了小我，而感到一極大的內在的滿足。但是亦可以自己之生命同時獻於個人，如獻與師友如皈依一聖者一僧侶，這種種的心理我都了解。而且我確確實實有覺把我生命獻與眞理神或人類之時。不過不能眞繼續到底。但是全部說我之生命都有所獻。我是獻於一哲學上的觀念卽精神實在。我的確常覺一高的東西在吸引我。如我犯罪他便能替我解除，如我苦痛他便能安慰我，但是否神我不知道。不過我宗教精神不算頂富，我仍求人間的力量來除我之罪過安慰我之苦痛。但是我可以說我是有靈魂的皈依之處的，這一點我是比許多人幸福。雖然不希望苦罪，但是我並不怕苦罪，雖然我希望人的安慰，但是如果莫有，我尙能有所安慰，所以在這一點上我望你放心。

我自己知道我生在二重世界，一方我聯繫於形而上的精神實在，一方我仍在人間。從人間的意義說我知道人間之愛之足貴，人間的愛除父子兄弟是天倫的外，此外的朋友愛、男女愛、人類愛，各有其位置。

但是最高的絕對的人類愛眞是要第一流的偉大的人才有。最高的朋友愛亦要第一流的偉大的人才有，那是純粹的人格之欣賞。而普通的人類自覺的走到愛之道路便是男女之愛，男女之愛是最普泛的使人忘卻自己而使其人格革新的一條道路。這理由我的前信中似已說了。

我覺得你之孤癖冷淡憂鬱，都由於你未眞正接觸很多人間的愛，我希望你能獲得一你眞愛而且愛你的男子，我相信如果你遇見了這樣的人而傾心愛他，你將覺你精神有所皈依，你將不復覺人生旅途之荒凉寂寞了。我說這話不一定是指我自己。因爲我近來雖覺到你之同情與自責之可貴，你張開你的心與我接觸，我感到你之可愛處。但是你之同情與自責處我感到，我對你之同情與我之自責你是否眞感到而覺其可貴，你是否眞了解我人格之可愛處，我不知道。的確我自己是愛我自己的，我可以不客氣的說，我自己是值得人愛的。我不怕你笑，我有時想如果我是女子，我一定以愛我自己爲人生最高幸福，這話說出來你會說，我有神經病，但是我的確以爲如此。但是我對女子卻有一重要的條件，即必須她絕對的傾心於我，眞感到我人格之可愛，我才眞愛她。因爲如果她能感到我人格之可愛處，她本身也決不平凡。在這一點上我是自居於被動，所以關鍵全在別人。如果別人不能覺我人格之可愛而對我絕對傾心便完了。雖然你說你很了解我、同情我，但是你是否眞了解與同情而眞正的傾心愛我，我卻是不知道，所以我對你實在不好怎樣說明。

但是我卻希望你有一好的伴侶，而歸心於他，這話不是從一般的眼光說的，這有非常深透的意義。我老實同你說，萬萬千千的人在談男女之愛，都實在不知其意義與價值。牠唯一的價值在使人忘卻自己而改變自己過去的性格。我相信你如果眞有一天覺到對一人絕對的傾心，你必會有一不同的人生啟示。關於這一點，我介紹你去看柏拉圖的五大對話集，其中有論愛情的哲學，不懂這種哲學的人，決不會有一天眞忘卻他自己，而從他自己解放以獲得一精神的革新。

我不知道是否有男子已在眞對你表示好，如果有我望你介紹他看柏拉圖的書，我將與他寫信告訴他婚姻的道理使他對你好，我決不嫉妬。因爲如果你不能絕對對我傾心，我可收回我一切希望。雖然帶點苦痛，那是我人性的一面，然而在我神性的一面，我眞正絕對的無私。我有時眞覺我的心如上帝一樣偉大，富於同情與諒恕，這眞是莫有人知道。我是人但是我同時是神的化身，我有罪過與苦痛，然而我不斷的超越而上升，這是我人格之特徵。如果我有悲哀，我是悲哀莫有人眞能了解我這點而願意同我共同創造人生的偉業。但是話不能不又說回來了，這話眞是無法說的，因爲說到悲哀又說到我的人性一面去了。誰能够透視我之人性與神性的連環，愛我人性中的神性而滿足我人性中的悲哀，那眞是我第一個知己。

我在很久的時間中看不起男女之愛，因爲我認爲只有精神最足貴，而男女之愛無論如何純潔，也不能說絕對莫有下意識中的生理要求，直到我的哲學發現物質與身體是精神的象徵以後，我才豁然貫通。我知道精神的哲學之可貴是在將一切都看作精神的象徵，如此則物質身體都化爲神聖。我同時了解人類各種愛是一元的道理。譬如母子之愛你覺得莫有是最可悲的，我可以告訴你母子之愛與男女之愛便是一種愛之兩種形式。如從外表來說，母子之愛是一塊血肉分爲二之愛。男女之愛是二塊血肉求合一之愛。如從內部來說母子之愛是一生命精神分爲二之愛，男女之愛是二生命精神求合一之愛。你如眞滲透這愛之秘密，我相信你如眞經驗了男女之愛，將可以補償你所失的母女之愛。你現在的情形是因爲不曾經驗母女之愛，所以也不知男女之愛之足貴。我現在要坦白的告訴你希望你有好的伴侶。如有望你坦白的告訴我。祝你安好

君毅　一九四〇年五月廿八日

我的信你一定要帶到山野中空曠的地方去看。看了再想，最後要忘卻文字而化爲一純粹意味。我寫出的話都是自相矛盾的。但後面有不矛盾的意味，那是我生命精神之本身。你看此信一方面用清明的理智看，一方面用熱烈的情感看。一

方面忘了你自己看，一方要把你自己放進去看。這於你必有益。你想透了於矛盾中看見不矛盾時，再看一次，你便更了解我了。

第十信

廷光妹：

我絕莫有想到我現在還能與你寫此信，很多時間以前我便想已是寫的最後的信，誰知道到了現在我寫這封信反成了開始以後我們一切信的最初的一信。

你最近四封信通通接到，前二封信我回的信都是在匆忙中寫的。在寫第一信時雖然我表示願有婚姻關係，但是我寫得非常平淡，而且附了許多問題，好似條件一般，我想你看了一定不高興。當我接到第三信你那樣熱烈的表示時，我眞失悔而且憂心我那信會使你失望而收回你所表示之一切。然而你的第四信，你卻表示了你意外的高興。你能在我似很平淡的信中，看見了我的眞心，知道我的心願同你的心願完全相印，我是何等的感激你。我沒料到你會如此坦白眞摯向我表示傾心，求我把你當作我婚姻選擇的對象之一，我莫有料到你如此坦白眞摯說出你重新確定我們關係後的歡悅。你說你把你的心交與我，任隨我如何你莫有不放心的地方。當我看到你這許多話時，我恨你不在我的身旁，如在我一定會抱你痛哭一場。

我最近同你寫的信太平淡，我望你原諒，因爲我的事太忙，心境不大好，家裏時時有人來，不能一個人淸淸靜靜的寫信。因爲我又怕人看見我在與你寫太熱烈的信。我莫有報復的意思，我只是尙有幾分試探的態度。因爲我恐怕是你一時的感情，恐怕是你父兄的勉強，所以我不便對你再有熱烈的表示。現在我從你的四信中發現了你一貫的態度，而且發現你原在城固時所與我的信中所潛伏的對我的情緒，我知道你不是由父兄的勉強、一時的感情而對我有這種表示，我最後的疑慮完全氷釋了。我現在來請求你原諒我一時的平淡，我可以坦白的同你說，我的深心對你始終是熱烈的。卽是在前月我認爲我們的婚姻絕無成功希望時，爲了家庭而考慮他人所介紹之女子的時候，我也不曾忘了你。我當時想我們的婚姻是不會成了。我曾想模倣古人作二句詩來送你，表示我最後的情愫。這二句詩是「與君來世爲夫婦，更續今生未了緣。」這二句詩未送與你，這二句詩是模倣蘇東坡與其弟的詩，與君世世爲兄弟，更結來生未了因作的。現在這二句詩我已用不着送你了。我希望有一天我能就東坡詩另改一次來送你，但是現在我不好意思說出如何改法，我想你會體貼得出來。廷光妹我不知道如何表示我現在對你的感激同永遠的不相忘，我只好如此同你說。

你說你很珍愛我們的婚姻關係，因爲牠成得如此之神秘，出乎我們意料以外，其成乃是神力。你先我而說出這話，眞的這事太神秘了。在一月以前我還曾爲了家庭而在其他女子身上轉念，然而現在任何女子的影像都已煙消雲散了。廷光妹我以前因爲恐怕我們關係之不成，我常不免不得已而思其次。我尚不曾如你最近那樣下了決心，如果與我婚姻不成，你將永不談婚姻。過去我雖不曾去追求其他女子，但是他人介紹時，我也唯唯表示過願意，這自然主要是爲了我母親。但是我不曾如你這樣想。我不如你，我過去的心不純一，我眞慚愧。但是廷光妹我相信你能原諒我，因爲人在莫有定情以前，心不會絕對純一的，我相信你能原諒我。我想在過去你有時曾想捨我就他人，你的懺悔一定很深，但是我希望你也以同樣的心理原諒你自己，你千萬不要再想你已往的罪過了。一切罪過爲我們所自覺時便消除了。情感集中如散漫的水流到一處，他處便乾涸了，最後的純一成了唯一的眞實，以前的一切不過一些夢幻罷了。

廷光妹，我們的婚姻的確是可貴的，因爲我們過去有的罪過，我們都懺悔了，我們都曾甘願受罪過的懲罰，我們都曾甘願受懲罰的痛苦而認爲應當，這是一非常崇高的道德。我們過去都曾彼此不滿，但是不滿的時候也不曾卽作出先負對方的行爲，只不過意念動搖而已。我過去誤會謠言而寫信傷及你的尊嚴，但是你的覆信並未無情的斥責我，你那封最憤怒的信最後仍然表示願意與我作朋友，這是你的寬厚。而我在先聽見謠言時，我雖然寫了兩封信，但是我始終不曾怨恨你，我始終認爲你縱然與人有愛情關係，我仍當與你保存友誼。我的確曾爲了你的幸福而寧願你去愛他人，只要是他人眞愛你。而且你也曾爲了我勸我去與比你好的女子結合。我們彼此間有無私的替對方設想之情緒。當我想有你時，我是曾替你想，我想我更能使你幸福。當你最近向我表示求我時，你曾自己說出你的靈魂有深度，你是最了解我的，你一定曾想只有你與我結合更能使我幸福。我們彼此都早有心願挽回婚姻，然而我們都不是只從自己的私願上設想，而同時替對方設想，顧念對方的情形，尊重對方本身的意旨。我們之間有自責有同情有相互的尊重與相互的寬恕。我們之所以願意永遠相愛，我想根本上全是愛對方這些道德的品質，我們都不是出於純佔有的動機而希望與對方結合，我們是愛彼此的人格而希望共同生活以求彼此的人格道德之進步，生活內容之充實與提高。我們最初都是曾忘了我們自己的私願，而但希望對方另得佳伴，我們都曾想我們的婚姻絕無希望，然而最後我們的私願都得滿足。天使我們苦痛，使我們自反自責，使我們以自己的自反自責來自然的感動對方澈入對方的心。天使忘了自己的無私的愛者，獲得他們的愛者而滿足他們的私願，使兩個努力實現無私的理想的靈魂結合爲一，使各遂其私，各得一有無私理想的靈魂爲其包攝的內容，這眞是神的奇蹟。廷光妹你的話眞好，我來加以註釋，你覺得滿意嗎？

廷光妹，我們的關係的確是可貴，你說在人間世不可多得。我眞不大相信與我們並世的靑年男女間會有如我們的關係者。我們間的關係不是靠任何一般人的條件，在根本上我們各人所憑藉的只是一片赤誠，我們以赤誠來作攻入對方的心的武器，我們都勝利了。但我們不是有心的作爲攻入對方的武器啊！

我們並不曾在一塊住多久，我們只是書信往還，我們全靠精神的交通來跨越時空的距離，像這樣的婚姻關係我們怎能不珍愛，我們以後必需認定我們這種婚姻關係本身便是値得珍愛的，而不斷堅固牠充實牠，這才不辜負神所賜與我們的婚姻關係。廷光妹，我這封信是我因進城在旅館中寫的，我現在是一人在孤燈之下同你寫此信，我還有許多話要同你說，因爲我們的情雖已定了，但是我們還要更增厚我們間之情，因爲情是愈用愈深的，情有不竭的泉源，愈流愈多，我認爲我們必需要努力才有收穫，我們必需努力創造我們間更深厚的情感。關於這點我有好多話要同你說，我一時尙不知如何說起，以後再說吧。

不過廷光妹有一點我要同你說，我雖然相信人應當擴大他的愛成無私的愛，我們相互間曾有無私的同情，我們現在之有此關係之一因，卽是彼此的無私的同情之互相感動，但是只就我們二人之關係說，這是不能莫有私的，因爲我們彼此都要求對方心的純一。上帝只允許一男一女有眞正的愛情關係，這是普遍的律則，因其普遍所以仍可說是公。說到這點我感到一種佔有的意味無法去除，當我看到你說願把心交我時，我不禁要想到你是我的，同時希望他人也知道這一點，似乎我與你的關係才確定。所以我覺得我們的關係不能老是秘而不宣，因爲遲早是要宣的，誠然在最近我也不望人知道，以免人議論紛紛。只是對於某君我認爲你應當向他表示我同你關係已確定的意思，以斷絕別人對你的希望，其實他早就知道我們有婚姻關係，還要向你表示愛，這是不對的。

我覺得我們彼此相待最可貴的地方是無論何時都尊重對方的意思，我們雙方的書信都曾有一時是想對方已離開我，但各人仍願表示各人片面的忠誠。然而我們如此求對方時，我們儘管把自己的情形表示得極熱烈，我們都不絲毫勉強對方，我們都是各人盡各人的心，而讓一切待對方決定，我想我們彼此愛對方的人格是眞的，然而我們最愛的是對方的意旨是對方對我之愛之本身，我不是只愛你，是愛你之愛這一種愛之愛，是人類最高的愛，是忘了一切條件的，連對方人格之好處都可以暫時忘掉的，你說是不是？

我想我們間的經過，對於我們的人格有好的影響，我想我們的心，都多少因此事而更細緻深曲些了，我們都想着我們婚姻之無望而悲哀，以爲對方之情緒已變爲冷淡，我們經驗了失去與重新覔得兩方面，這正是辯證法的道理，我覺得我們的婚姻變化有好些地方都合乎哲學上的原則，眞是有趣極了。我想到我們之間經了各種喜怒哀樂情緒之變化，這使我們生活更豐富許多。大體說來我想第一年通信到你前年離開成都時是有喜意的時期，去年是彼此有些憤怒的時期，今年是彼此常有悲哀的時期，以後應當是雙方都獲得快樂的時期了。我想到我們間的經過，我們中間雖有離貳之時，然而心境全是相應的，在去年你意念動搖對我有不滿時，亦是我對你不滿之時。我們彼此之相待，如兩股水同時分同時合，這中間實有一自然的感應，我因此更相信你所謂我們的結合是天造成的。

此信是昨夜寫的，今天因爲放假會朋友未會到，要明天才回去，終日一人在旅舍中，我告訴你從昨夜到今夜，三十小時我的意念不曾一刻離開你，我眞思念你，但是我很高興因爲今天是八月二十七是孔子誕日，在純粹的道學先生一定會說我此信太多兒女之情，但是我卻覺得我們之一切都合於孔子的教義，我認爲我現在之思念你同我之想學孔子是一貫的，你覺得好笑嗎？廷光妹在我將離開渝的一二月中，你來信勸我另選女友，在那時我將要回家，母親一定要問關於我婚姻的事，我很難過，那時幾乎要有作婚姻預備的女友，然而一陣飛機的狂炸，使要來渝者未來，住渝者逃去，不然那一二月中，雖不能卽與他人有婚姻關係，至少會作些對不着介紹人的事，而且其中有可能性頗大者，因爲有的是先認識我或先知道我的，那眞是危險。這其中亦有好些經過眞是巧得很。天使這些人不能與我有婚姻關係，現在我不願說，以後晤面時當作故事與你談吧。這種地方使我深信命運，我深信我們的婚姻是前世注定的，天使我們經過一些變化是使我們更珍愛我們的成功。

廷光妹：你有一個觀念是錯誤的，你說你很自私，你覺選擇好的是自私，這是不對的。因爲婚姻不能免除這一種私的。選擇好的伴侶，如選擇好的師友。這種私正是一種好善之心，難道好善行爲也是自私嗎？人不能莫有私。每人的身體父母兄弟都可以說是私的，但是眞正的公私之辨，不在無所謂私，而在如何用其私。自己的身體用於公則爲公。我們何嘗不可以賴自己圓滿的婚姻關係，以充實自己的生活，使自己人格更完成，而後能爲人類社會作更多的事，這不卽是公嗎？

廷光妹，你的信中說你因念着你兒時失去母愛，因此想到辦孤兒院，以你一孤女的心去體驗天下一切孤兒女的心，你這種心境眞好極了。我們都不是只求個人幸福的人，我常想着世間有許多的事需要我來作，在很多時候我絕對鄙棄我個人的一切幸福。當以前我想我們的婚姻關係不成時，我想這只是我應有的命運，現在之成這是我們意外的獲得，我們以後由此而感到的幸福，這是天賜我們的。我們應當虔誠的接受表示感謝，同時永不忘了如何使人類社會日趨於幸福。

關於以後我們應當爲人類社會作的事我們以後再說。關於天的賜與，我們現在當先放開我們的心去接受，我們只要不忘了人類，個人的幸福之享用，並非羞恥。廷光妹我們過去在人間世都曾受各色各樣的苦痛，我們的婚姻，這兩年使我們受的苦痛更多，我們的精神都有些憂鬱，太憂鬱的人是不健全的，我們當使我們健全起來。我望我們以後都改去我們的憂鬱。廷光妹我們爲什麼不可以這樣想，我們彼此獲得我們的心，以後我們的心便都擴大了至少一倍，我們的精神都有所投入，我們間的關係是人間世最完善的婚姻關係，世間還有什麼事值得我們憂鬱呢？廷光妹我以前那幾封論婚姻道理與愛情的道理的信，我望你常常翻來看，你未曾有母女之愛，你有另一方面的補償，我不害羞的說，只要你眞照着我的話時時想念着我，你有了我，你會感到幸福之不斷的來臨的。在我一方面我有了願意永助我實現我理想的你，我自己又有母親我當然更無缺憾。但是我的母親也卽是你的母親，她是愛你的，你如處處以我的心爲心，你失母的悲哀亦可補償了。廷光妹我感到一種幸福之流似乎已開始自不可知的境地流到我們的中間，以轉化我們的憂鬱。我們應當預備一更緊接的心來接受，當我們的心更緊接時，對於那幸福之源我們的心便更放開了。

廷光妹你最近的來信指出我的錯誤，我誤認爲你缺乏溫存體貼的情緒，我的錯誤我坦白的承認。我過去不了解你，如你之不了解我。你過去不打開你的心，你一定曾以爲我是値不得你打開心的人，你一定以爲我的心亦很錮塞，其實我們都是有相當深度的人，是不容易讓人接觸心之深處的，這正是我們的好處。但是過去的我們已不存在了，過去的事與我們甚相干？世間上最可保貴的東西，是最費勞力才能獲得的東西。好的山水要長途跋涉才能到，然而到了時才覺得長途跋涉之苦都是欣賞山水之幸福的陪襯。一切的幸福都賴對比而增強。過去我們的苦痛，眞算得什麼，如果我們不經此變化而結合，我們如何會寫這許多悲憫的信來打動大家的心，我前日重看你以往與我的信，我覺每一信，一字一句都可增加我現在的滿足之感。不知你再看我以往的信時又如何感觸？

廷光妹你最後提到我們尙須三年才見面，你眞不願意的話，三年眞是太長了。照理說我們只要精神相通其實何必在一處。然而我們又如何能禁止住我們希望見面的心，當我得你信你說你不能來時，我是如何失望呀！廷光妹我希望你明年回川一次，我們當考慮我們可不可以在一時期朝夕相伴，爲了減少兩方父母的憂心，我們應當如此。然而我怕你笑我是在想享受相伴的幸福，其實我寧肯我們有更長時期的離別，更多的書信往來，以使我們間蘊蓄的情緒更深，我寧肯讓一切的形式的舉行放在愈後，使之所象徵的心的交流更多，這事我不知如何是好，以後再談吧。

我此信寫得拉雜，但可以代表我各方面的對你的心境，望你細細看多看幾次，有許多地方我希望你的心能停在上面逗留玩味我寫時的心境，這是我們眞正定情後的第一信。這封信我自己看了二次，我寫了五點鐘，有五六千字，當你想像到我一人伏案連續以五點鐘的時間向你寫這樣的信時，我想你該感到一種滿足吧。我自來寫信不曾反復的呼喚你的名字，我不知我此信何以會如此，你會笑我吧。

我望你寄一最近的像與我同我的母親，我亦會寄一張我最近的像與你，我們家裏的人都說你好，我們的經過我曾略說了，他們因此更喜歡你，我保證你到我家是幸福的，你亦當把我們的經過告訴你父兄，使他們放心。

現在夜已深了，天又下起雨來，旅館中眞寂寞得怕人，我要去睡了，我祈禱今夜有一好夢能會見你，不知這祈禱有應驗否？你的信我曾遵你的囑帶到無人處去看，我希望我此信你也要帶到無人處去看，以後我們間的信，都是寫來預備對方一人在無人處看的，我們之間要永遠無話不說，這樣我們的信不會莫有材料。近來飛機轟炸厲害，我一定常住鄉間，你可放心。

毅

一九四〇年八月廿七日

第十一信

光妹：

這封信我寫了一天半字太細了，但望你細細的看，這封信中我相信你不會看見一句你不高興的話，因爲我決心自今以後補救我以前一切使你不高興的過失，我恐怕你不放心我的長信中一定又有什麼使你不安的話，我先聲明在此。

光妹你廿四及廿七日的信，今日同時收到非常高興，但是你的信說到我那二信之使你不安，亦使我悔恨。不過我想你會了解我不能不那樣寫的理由。因爲由旋轉而突然安定下的心，是不能莫有剩餘的微動的。本來我在寫那二信時，我也曾考慮到會使你不安，但是我想你要了解我寫信時的心境是出於什麼，我想你會有一種慰藉同內在的滿足，所以我便把那二信寫了。我常常多疑，這是我的缺點，不過在根本上我是相信人的，因爲我的疑都是坦白的說與我相信的人。而且我的疑慮一經解釋，便漠然釋之，這點我望你相信。廷光妹我現在的確對你莫有一點懷疑了，我想你更富於信心，一定能相信，而且我望你以後萬一遇着我有關於任何事的懷疑向你表示時，你都不要着急，你要想着這個人的疑是不會久的，是可以解釋的。只要你願意解釋，去他之疑之權柄是在你自己手中的。我說這一段話是使你不要再因爲我的信而使你有什麼不安。

你如是的應付某君的辦法很好，這是你的仁厚之處，我的意思亦不外如此。我只是不願意人誤認你是出於家庭的意思而與我復歸於好，因爲那樣說起來便無大價值，自然別人的議論無足重要，然而因別人的議論不好亦足以使我們覺不滿足。老實說關於我們間的情愛之所由生，一般人根本不了解，我們在一處相處時並不多，全是由一種深遠的精神的了解與同情及一種高貴的人格上之欣賞與默契而生。在一般人一定會覺得奇怪，而以爲是家庭關係，所以你以後必須慢慢表示出你對我之了解與佩服處，我亦對人宣揚你之好處，如此我們的結合，才會被人認爲自然。我不願意別人對於我們婚姻有不好之批評。在一般人一定會說我們捨近求遠，然而不了解我們之能超過時空的距離而神交，是出於一種更偉大的心的流通。我認爲一切有價值的東西都是私而可公的，都是應該被人人所共認爲有價值。所以我們的婚姻之價值，我也希望人能逐漸認識。我希望我們有機會彼此宣揚對方的價值作爲我們的事公開後的理由，而使人們逐漸認識我們婚姻的價值。我現在想如果我對我自己的估量是不錯，我的學問上的成就必可名聞於後世，我晚年的自傳上一定要把我們的事如實公佈出來，作爲後人的婚姻模範之一。

廷光妹，你說有兩段話，你很不願看，除了以上所涉及的外，我猜想不出。我試猜想一下，不知是不是，如果是，那麼我便作如下的解釋，我可以絕對向你用人格擔保，我莫有希望用外在的保障來維持我們關係的意思，我不要一切由外到內的力量，我只希由內到外。我不希望由社會之肯定我們之有此關係而加深我們之關係，我只希望我們自己深化我們自己的關係後，這關係中實現的價值爲人所漸認識。其次那是我母親的意思，因爲她近來一天一天的衰老，心情常常紆鬱，她很希望我們的事早點得一正式的解決，你要知道老年人心目中的解決同我們青年人是不同的。我們之間只要彼此相信就够了，因爲一相信彼此體驗對方對我的心情，當下便有一無上的滿足。然而母親不是我們，她不能體驗我們體驗的而獲得滿足，她不能不更有所希望。不過這裏面亦有很多的困難，我亦不願妨害到你，我想不出好辦法。我希望你最近照一像寄與我母親，並同她寫一信問候，西北出產什麼東西望告我，我下次信與你寄點錢來，希望買一點來送她，表示你對她的心，這可以安慰她的心不少。你從前送她峨參同手杖她前天還提起。我父親不在了，她現在一人在家兒女都在外讀書、作事，至妹及六妹亦在河對門，一週才回家一次，我每想她一人在家的寂寞，我便不禁要流淚，我恨我不能長伴她在家，我總想使她多有些高興的事。

你說一說話便引起我懷疑，其實我亦不是那樣愛懷疑的，我是覺得你突然一句無理由無說明的話，所以不滿意，望你以後不要再說這類使我難猜的話吧。

廷光妹，我望你告訴我，你說有兩段話你最不願看是爲什麼？我覺得你應該說出，因爲我不願意我說的話爲你所不願看，如果你不願看除非你原諒我，不然我便要自動取消向你道歉，我決不希望我們之間有芥子一點不相滿意之處，我希望我們說的話都能互通過對方的心深處，如果一方不以爲然，那一方便當以對方之心爲心而自己取消。道理上我們可以爭，但是我們最後必須以達到彼此同意爲終結，不能留一點問題，這才是最深的心的結合是不是。你說你愛我勝於我愛你，這話我不忍同你爭勝負，不過我覺你對我尚不能到最深度的無話不說，這一層是因爲你文字表現力或者不及我，還有一層女子根本是要多保持一些自我的尊嚴，我原諒你。但是你要想我是如何的向你傾吐我之一切，我是如何的希望與你結爲絕對的一體，你忍心對我有一點間隔麼？信寫到此我又看看你信一次，這二信使我有難以爲言之愉快與幸福之感，因爲你不僅答覆了我一切疑問，表示你對我之一往的柔情，而且從字裏行間看出你柔情之細微而溫婉、充實而深遠之處。因此我對你表露如下的希望。

廷光妹我老實同你說我對於我自己有非常自負之處，對於學問的某方面，我自信我眞有絕頂的天才，不過這一句話許多人不願意信，我以前亦不好如何向你說，怕你說我誇誕，現在我們之間莫有任何距離，我的好處你當視如你自己的一般，不消分別彼此，所以我可以盡量同你說。我在十五歲時能作五千字的哲學論文，二十歲時我自己思想卽有一理智的系統，所以我二十一歲時，公然在當時的四川大學教半年書，下半年又出川讀書，當然教得不好，然而對那些年近三十的學生講書，我一無愧色，因爲我已有我的自信。我在二十歲時生日曾作一詞，雖然狂妄，但可見我當時之志趣，今寫與你看，「今日吾生，試去回思，二十年來，憶兒時敏慧，親朋驚讚，少年志趣，幾次安排：十五之年願爲孔子，十七曾思闢草萊，年十八歲，欲投書革命，掃蕩塵埃。雖然志志成灰，任逝水韶光去不回，但志多思廣，心存萬象，重新文化，捨我其誰？使身長健病魔不繞，轉思潮何足道哉！君休笑，我葫蘆中藥，你自難猜。」二十歲以後思想當然屢經改變，但是只有進步無退步。去年一月十七日我三十歲我自己認爲我之哲學思想規模已立，我之人生觀大體已定，我自命爲已到三十而立之年。我現在已成立一哲學系統可以由數理哲學通到宗教哲學。其解決哲學史上之問題，許多地方眞是神工鬼斧、石破天驚。我的志願想在十五年內寫三部大著作，一關宇宙者、一關人生者、一關宗教者，自以爲必傳後世。但現代人恐尙無多能了解者。

我著作寫成以後，卽辦教育文化事業，或隱居修道。在這些著作未寫之前，我想先整理好人生之路，此書已寫完共二十六萬字。並擬寫一中國哲學史及一中國文化之前途。我寫文的能力有時非常之快，我到教部來是陳部長請我爲他改寫一哲學書，以其名義出版，因爲此影響較大。我職務就是寫他此書，但寫時並不多，我常常自己看書，我今年上半年爲他此書寫上半時，一日我曾寫二萬字，我可以全部精力來工作，不食不眠都可，我思想開時，觀念卽風起雲湧，如有神力下筆千言，所以我有我非常自負之處。此外我對民族人類有我的責任感，我很想辦一些文化教育事業，我注意了好些可以同志的朋友。我決不甘於爲一普通人」這從我十六七年來之日記可見。但是廷光妹我有很多的困難痛苦，我從二十二歲起便負弟妹教育之責，而且以無錢留學之故，畢業後好些年都受人壓迫，近二三年自己之學問乃爲人認識一小部而稍露頭角。以我之自負之大，自尊之強，所以稍微一點氣，都不能受。譬如我二十多歲在京滬各雜誌發表的哲學論文，遠近的人都以爲我是中大正式教授，然而我在那時只是一助教，別人有因聞我之地位低，轉而輕視我者，這種地方我是非常的氣。因此常常煩惱，直到現在還有許多煩惱。因爲我本來是一神經質的人，我思想用得太過，意志上受了許多阻礙，所以我常常有許多人生荒凉的感觸，常常自覺如浮雲之無根飄蕩於天地間，所以情緒上非常不健全，不過我有我的哲學來幫我肯定人生，所以不曾學佛避世，雖然我的母親及弟妹都很愛我，許多朋友亦因佩我之學問同情我之心境，而在各方面與我不少幫助，但是在某一方面他們都不能以最貼切的方式與我以鼓勵與安慰，這理由我以前已說了。所以我曾希望一了解我的志願人格而愛我願意扶持我的女子，來幫助我實現我的理想，這女子我已有了，這當然使我非常高興，她現在又對我有如此之柔情之表現，我當然更是感激。不過有一點是我要懇求於你的，即是我希望你了解我過去情緒之不健全，同意志上之受阻礙而對我負一種責任。廷光妹我老實同你說，在學問上我對我自己雖極有自信與把握，然而在實際生活上我是常把我自己無辦法，我常覺我，如一仙人降生，是一上不在天下不接地的幽靈般的存在。昨天讀西青散記上有四句話「仰視碧落，俯見蒼生，情脈念痕，不知所起。」我的心情正常常如此。我常常覺世間一切都飄忽不定，如在霧中，這種縹緲荒涼的情緒，幫助我生許多超妙的哲學思想，然而很不適於實際的世界。實際世間的事物之變化容易刺激我，我比他人更不能受刺激，只是我在受刺激後我便常想我之精神之根本是生在天上，不在人間地上來自慰。但是這不是一健全的人生，健全的人生應當兩頭生根，如莊子所謂「上際於天下蟠於地。」所以我很想在地上生根，使我在實際世界安定起來，這種事眞難。我同你說我自己的日常生活常常都是亂的，我的飲食起居自己都不能管，我在家裏弟妹們天天監督才好一些，一人處便很糟糕，我晚上總是多噩夢，幾乎每天黎明都要呻吟，我很懷疑我是一犯罪貶謫到人間的仙人。我自己常常自己憐憫自己，我有時恐怕我智慧開得太早會早夭，我自己覺得我的許多性格很像西方的所謂天才一路的人。這一路人在實際生活上常常是會自尋煩惱的，我有時想到我自己在學術上有很大的發見，我怕我學問未成，著作未成而死。雖然我已年過三十，我一點莫有壯年人的心情，我常覺我的心情如在荒郊失母的孩子，我有時又覺我如一花，恐怕未開盡而凋零，這些都是我常有的感慨，我有很多自憐自恤的情調，所以我希望你能同情我。你愛我，我當然衷心感激，但是我還進一步希望你不僅要本於我們間的情誼而愛我，我希望你更本於寶貴一未成就的人物的心來愛我，護惜一未開放的花的心來愛我，我希望你以你的細微溫婉的柔情來灌溉我的生命精神使他成長。你究竟相不相信，我在學問上有偉大的成就，請你答復我，你究竟願意扶持我幫我到什麼程度，請你傾心的告訴。雖然我比你長，但是如果你希望我成一眞正的偉大的思想家，我希望你以姊姊教育小弟弟的態度來培植我。廷光妹我自己有時常希化爲另一自己來愛我自己，因爲我自信我可以對人類文化有很大的貢獻。然而我的心情又常常如此之多感而稚弱，這是一種特殊性徵，我希望你以護持我爲你的責任之一，這也是你間接的對社會的責任之一。不知你願意否？望告我。我上面把我自己說得如此之大，現在又說得如此之小，你會笑我吧。但是忽大忽小正是我之本相啊。廷光妹，我附帶又想到一事，我不希望我們婚姻在彼此之間有任何不完備之點，我想在道德人格上性情上志趣上性靈上家庭關係上，我們無任何不相滿意之處。在學問上我們彼此都可努力，亦無不相滿意之點。在身世上我們過去都不好，都有些憔悴的樣子，這些我想我們都當努力改造。爲了使彼此更高興更少躭憂，我想也是作得到的。只是在年齡我比你長六七歲，你不是說你以前不太滿意嗎，這一點我恨我不能遲生幾年，這是無法補救的。關於這點，你本只是恐年代不同心情不易溝通，現在我們已溝通，你於此本已無不滿，不過在我想仍是一缺點，我想到此有時也難過。不過關於這一點，我也不願拿西方及今日都市中的習慣或生理關係來替自己解嘲，我只是望你了解我在生命精神上我與你決不會有年齡的距離。我希望你相信我在許多方面我具有小孩子的心情，這一點你未與我久處你未看得出。的確我現保存有許多小孩子的態度，許多朋友都如此說，這一點對我處世頗不相宜，所以我不能不裝成比較世故的面孔。我接觸的人，都是三四十歲的人，我不能不如此，這也是使我感到內心矛盾之一。但是在最熟的朋友與家庭中人之間，我便一無所掩飾，我望你了解我這點，望你了解我之對於你完全是以赤子之心與你相見。我望你不要再覺我比你大好不好。我寫完此段我覺我嚕嚕嗦嗦，把本不成問題的事當作問題來解釋，也就是一種小孩子太認眞的脾氣，你說是不是？

我以上是希望你對我負一種責任，但是我同時也要表示我對你負的責任，在這點我又要提出你比我小的話，你比我小你的知識是不及我之廣，人生體驗不及我之多，我希望你不要多心，在這一方面我可以爲你的師。我的學問確相當的博，人生體驗確相當的深，我想在有些方面我是可以指導你。我自己是莫有修養，但是我知道如何修養，這些我是可以當你之顧問。廷光妹，我認爲我們愛一個人，不只是那人值得我愛我便愛，而且我們要幫助他或她完成他的人格才是最深的愛。所以我以上說望你幫助我。同時我之愛你，也決不只是愛已成的你，而是愛可能的你。我覺你許多好處使我感動，但是我是希望你更能實現完成你之好。我以爲在男女之愛中首先必須在認定對方是我最愛最合理想的男子或女子，其次便是幫助對方之一切可愛之處實現完成起來，並補充上其他人格之美點。我覺得你最可愛之處：一性情之溫厚，二同情心之強烈，三態度之溫靜，四你決不使人難堪，你說話都站在你自己本位不溢出範圍，不去從任何不好的方面去推測人之心理，五你能體貼他人之心理，六你莫有一點矜持誇大自炫做作的態度，你很眞切。——此外我一時不必說盡，你這六點好處，一二五我相當能够與你配，但三四六我不及你。我希望你盡量保持你之好處，這六點都可歸納到一點，卽你的心情很柔和，莫有稜角。不過因爲你幼年無母之故，你全部柔和的心情還不能從你的態度表現得出，即是內外尚未如一。所以你態度有些滯不靈活。我希望你以後修養要從靈活方面下手，那當然不是說要去掉你之端靜，因爲端靜是保持你之深度的，只是說你要使你的胸襟更開濶高曠，言語更爽朗，性情更愉快，這最重要的是多接近自然，靜觀山水、風雲之流衍，草木之欣欣向榮，並多讀一些詩文，此外則要了解一些玄遠深微的哲理，則胸襟自然開濶高曠，言語更爽朗，情調更愉快了。這也是我有的缺點，我自己想改而未能改的，我望我們互相勉勵，此外關於其他方面，我們以後再談。

廷光妹，我曾客觀的想，我想我們之結合對於彼此都是幸福的。因爲我這種常常有人生飄忽荒凉的感觸的人，必須要像你這樣富於同情與體貼的女子的柔情才能滋養我的靈魂，而使之充實安定。同時我的玄遠深微的哲理可以幫助你更趨於洒脫與靈活。此外我們互相補益之處尚多。我覺得如果我們站在客觀地位來看我們，把我們化作他們看，我們也應當爲這一男一女介紹讓他們互相幫助以完成他們的人格。所以他們之婚姻不成，是宇宙間一損失一恨事。好的男子應該有他認爲最好的女子，好的女子也應該有她認爲最好的男子，都不應寂寞無伴，你想你忍心他們中任一人不獲得他或她應該獲得的對方麼？這是我對你以前問題的答復。我不忍心你寂寞，決不是憐你，因爲只是同情，不足以生愛情，我是不忍他們任一人寂寞，所以我要把他們撮合起來，難道你不是在撮合他們的關係嗎？

我寫到此燈已熄了，我把燈弄燃，我現在覺得我們已成四人，我們爲他們二人介紹，他們會面了、了解了、相愛了。忽然他們罵道：「我們誰要你們介紹，我們原是互相認識的，而且比你們之相認還早。」我們道：「這才怪」。他們道：「你們忘了你們之結合，還是我們介紹的嗎？」

廷光妹，我以前的信太故作正經了，所以想出此笑話，你說你不要我再客觀的替你想什麼，因爲你的心已交與我。但是我現在告訴你，我要爲你客觀考慮的，就是把我們化成四人，每二人都是結合那二人者。愛說出自不好，但我現在要講一道理，我覺最可貴的愛，是對於愛的愛，我們現在把他們結合，我希望你愛他們間之愛，他們也將愛他們之愛，這樣我們四人間之愛便互相照映成無窮的愛，互相保障，永遠堅固的愛了。廷光妹，你能幻想我們四人通過愛而互結爲一體的心情嗎？

夜已深，四野蟲聲唧唧，我一人在半山廟殿神前寫此信，我不知你現在作什麼，這空間的距離，眞使人覺到一宇宙的神秘。你不是說我們的婚姻是神的意旨嗎？何以我在神之側而神竟不用縮地法把你移來。不過我想起古人的詩「恩愛兩不虧，在遠方日親，何必同衾幬，然後展殷懃，相思成疾疹，無乃兒女仁。」我覺得有一種慰藉，我本來還有一些話同你說，但燈油已將盡，我縱有毅力再坐二三小時，然而莫有光明照耀我寫，我只有等待明朝那永遠存在的日光之來臨。

這六七千字的信，中有許多地方心情極難表示，我希望你靜靜的看一段默會一段，並體驗我的心情，而且有些話望你印證其對不對，這是我兩天的心血，我想我已瘦了一些，今天我要去館子吃飯，因爲伙食太壞了。　此候光妹安好

毅　一九四〇年十月十一日

第十二信

光妹：你說你將加倍努力準備幫助我實現我之理想，我當只有對你感謝，你怕我會嫌你笨，這是你的過慮，我從前因見你少說話並多鬱結，面色有些病的樣子，我曾以爲你了解力不強。但是自我們今年的事發生後，我從你的信中發現了你非常靈慧之處，你能了解我，這便證明你了解力之強，自然你尙不算很靈活，但是我相信你經此次情緒上的喜怒哀樂的變化之後，你的心弦已振動過了，你必然會變爲更靈活的。你以你的智力去解決了這難決的矛盾，在不知不覺中你的智力也是會增加的。我希望你以後一方注意你的身體多多運動，一方多同人說說笑笑，常到自然中去靜觀雲水之變化，並多作一些幽遠的奇想，看點好的文學哲學書，我相信你一定會變成更聰明的。如莎士比亞的劇有譯本，梅特林靑鳥、希臘神話、泰戈爾森林哲學及他的詩、柏拉圖五大對話集有譯本、羅素快樂的心理、莊子、列子、水滸、紅樓夢、陶淵明王維蘇東坡的詩，你可以選些來看。

光妹你自己說你自己有些心理變態，我一時亦曾覺你有些變態。即我在暑假中收到你頭二信時，我覺得你情緒是不健康，以前我只是覺你太憂鬱太孤癖，至於多疑與自私我從未想到，你是富於信心、同情、自責、眞切，還有你之端靜是我自始卽覺到的，近來我陸續發現你許多好處，如坦白直爽溫厚柔情，及溫厚中的剛健，絕無虛榮，及你對社會文化的熱誠。而且在前信及此信中因爲你寫得很長，我發現你許多靈活明慧之處。而且前信中尤表示你對我之偉大的犧牲精神與最深的專純堅貞。從你剛才一信中，我又發現你之努力於修養自己。你之要涵養性情、要忍耐、要使感情理智用得恰當、要以誠懇去感人，可以看出你對於處世待人之道已有深刻的認識。光妹你想我是逐步逐步的發現你許多好處，這些都是我意外的收穫，你想我是如何的高興。光妹我前信不是說我敬你嗎？我現在更敬你，因爲你此信寫得更好，我不知道是你一日千里的進步呢，還是我對於你的愛在不斷的加深，覺得你每一字一句都在使我更愛你哩，我想是兩者都有。光妹我是一次比一次愛你，你高興嗎？光妹你可以回憶得起我在今暑以前，莫有用過愛你之字，我只說過你之可愛處，亦曾求你與我共同創造愛情。我說情愛是如何，我們都不眞知道，我那時還有點討厭這兩字，我不知怎樣我現在仍不能不用我前所認爲很俗的二字。但是我想此二字雖俗，對於我們意義是超世俗的意義。我現在是覺你整個的內心值得我愛。我前信似乎已說過，你是我理想中的女子，我以前似尙未如此說過。我現在眞覺你是我理想的女子。而且我覺得你在許多地方比我更高，我前信已失悔我之對你誇張，我現在更不敢對你矜誇了。我願意同你互相鍼貶彼此的過失，互相勉勵於爲善，以求我們人格之增高。我自己承認我有許多地方不如你，我從前說我要愛你唯一的條件是要你的精神上升於我，你得先愛我的理想，我那時是自認比你高許多，所以我不客氣的說那話。我現在還是認爲我在學問識見人生體驗方面比你高，還有一些悲天憫人的情緒，與神合一與宇宙合一的胸襟你尙不及我。但是我知道我有更多的過失，在許多方面我是不如你，我以前對你太自尊，我現在願意一些方面表示自卑，我願意同你互爲尊卑，我望你的精神上升於我之高處，我也要學你的許多長處。我現在不是你道義上的朋友，也不是通常的情侶，我願意用道義上的情侶一句來表示我們現在的關係，你喜不喜歡此一句可告我。

光妹，關於結婚的事我不堅持，我前日的信不是已自動放棄此提議嗎？我覺得我應該對你表示我願犧牲我之一切意見，所以才寫那信。而且你那信之犧牲精神感動了我。不過我認爲我們大家都應當有絕對爲對方而犧牲的精神。但是如果兩方都犧牲，我以你心爲心，你以我心爲心，則如此互相轉換位置，將不能解決任何問題。所以我現在認爲我們各願犧牲精神是我們愛的根本基礎，那是必需保持的。但是我們要解決一問題，我們應當依理而行，我覺得我們凡是遇任何的問題，我們應當把彼此的理由說出讓對方知道，彼此設身處地的考慮。我們應當先不懷任何成見，如果我們意見有出入，各人有苦衷，便把苦衷說出來讓對方知道，我們彼此間既能原諒又能犧牲，我們便可眞正依理而決定一問題，這樣我們便莫有不能決定的問題了。而且這樣來解決問題，必能使大家滿意，如果不到大家都滿意，我們任一方總不說決斷的話，這樣便不致生任何意見上的間隙，光妹你說對不對？

關於我們之不從一方面說決定的話，我們都作到了。譬如關於結婚的事，我的提議我自信很婉曲，而且我又自己取消，因怕你不高興。而你在此信仍說，要我出主意，要使我母親高興滿意，這種地方我覺我們都算非常難得。我很喜歡你這樣的答覆。我所不滿意的是你說你有苦衷，但是你不曾將你苦衷告訴我，我覺得不大對，你爲何不坦白的說呢？我希望我們彼此都知道對方的苦衷，而大家商量出一比較方方顧到的辦法。所以我希望你下次信告訴你的苦衷。我亦把我的苦衷告訴你，你千萬不要覺不能合我意而難過。我們是很冷靜的考慮一問題，我們是把各自之理由說出，最後讓理性來指導，我們之間是莫有任何成見，我現在寫下的話也無成見，你相信嗎？

毅

一九四〇年十月十七日

第十三信

光妹：前日的信發了後，我想你收到此信一定會說我好名，我是相當的喜歡人的尊敬，我希望我更有名一些，我不否認，不過彌爾頓 Milton 有一句話，好名是大人物最後的一個缺點。我的修養不到家，我願承認，只是我想我不是好虛榮，我是覺我本受委曲，我覺得社會所與我之名位同我自己所當有的相差還太遠，所以我總有些不平。還有一層最根本的原因，是我希望有高名位後，才能多作一些事，實現我之社會理想。光妹我自己的確是愛人類的，我常覺我對於民族人類當負一種責任，在很多時候我想犧牲我個人一切幸福去學如甘地那樣的人。不過我後來發覺我之長處在思想，我只有在文化學術方面努力，去促進社會文化，表達對於民族人類的愛。光妹自然我過去曾受各方面的苦痛，我遭遇了很多的不幸。但是經我不斷的努力，我的弟妹們的學業快要完成，明年四妹畢業，五弟也將在專科畢業，我打算以後再使五弟讀二年書，因爲在抗戰期讀不了多少書，明年畢業後讓他作二年事，只六妹尚在中學。我家中和我私人的債已還完了。家中的田產如只是吃飯也够我們一家吃不至餓死，以我現在的社會地位無論如何也不至無事作，我經濟上的憂慮現在已全莫有。我的婚姻有你這樣敬愛我的你，也是非常圓滿，我現在總算慢慢脫離苦運而逐漸走到比較幸福之路了。我在此地位雖不很高，但月入有三百元，在特約編輯中是最高者，也莫有人壓迫我。一個未曾出洋的學生，只有卅一歲，在此編著相當對於社會重要關係的書，從一般常情來說，我總算屬於人生道上之勝利者了。但是光妹你要知道我不是只求我個人的幸福的人，我是常常想念着他人之苦痛，譬如當我同你的婚姻關係弄好時，我首先便想到我妹弟的婚姻問題，我又想到其他許多癡男怨女，我想理想的社會應該是內無怨女外無曠夫。但是這如何才達得到，我想最重要的便是使人們了解婚姻及愛情的正當道理。我相信人如依着婚姻及愛情的正當道理去實踐，必可減少許多怨曠之男女之苦痛，縱然有了苦痛，也可以自己設法解除，我想我們的苦痛之所以能解除，便根於我們大家都有道德意識不願負人，同時能了解尊重對方的人格，原恕對方偶然的過失。所以我想著一部關於婚姻愛情的道理的書，使人間多有些美滿的姻緣，我願意以我自己作例證，我要同你實踐我認爲正當的道理，並由實踐中去補充修正這道理，我覺得這是我自己婚姻解決後應負的一種責任。其次又如我自己培養我弟妹讀書，總費了不少辛苦，我因此常想到其他讀不起書的孩子們。我這次回家至妹告訴我其所教之學生，有好些學生眞好，然而家裏無錢，我眞同情他們。至妹亦時時幫助一些學生，我總鼓勵她。我自己因過房承繼有一筆遺產，這我不打算入我的財產之內，因我自己也還有一點田够吃飯。從前我想將此遺產賣了自己出洋讀書，現在我則決定將來捐與鄉中學校，因爲那本非我的。前有些族中流氓想用不正當的方法來佔去。我這次回家便是與那些人衝突，那些壞人是想拿去燒鴉片，我覺太無意義了，依理不該讓他們，所以我將他們之詭計拆穿，並把他們壓下去，我的意思是將來捐與學校。總之我的確常推己及人，我自己解決許多生活上的困難，我便希望人人都能解決其生活上的困難，使人類同達於幸福之境。我想人類在現在之所以遭受這樣多苦難，都由於崇尚暴力不重理性，所以我要發揚哲學的價值以開發人類之理性。而哲學中只有重人格的哲學、重精神的哲學、重愛的哲學，才最能使人類之理想提高，所以我自己的哲學便是重人格、重精神、重愛的哲學。我自己認爲至少在現代中國尙莫有其他的學哲學者能像我這樣對於人格之價值、精神之價值、愛之價值不特有更深切的體驗，而且能貫通古今中西印三方先哲之學說，以一新體系之面貌說出者。所以我自己覺得我的責任非常之大，我希望我的哲學書，能爲一改造現世界之殘忍冷酷欺騙醜惡的力量之一，以解除人類今日之苦難於萬一。但是我又想我莫有高的名位，我書之影響便不能很大。而且我要宣傳一種愛之福音於世界，我一人之著作是不够的，我希望有很多的人著多方面的宣傳此種思想之著作，我並不求人與我一致，我也不想當教主。我在學術上的態度是非常寬大，我覺得只要目標都在使人類社會更合理想的著作，我都非常贊成。所以我想集合一些學問上的同志來共同研究學問著作，並辦書店、辦雜誌、辦報紙、辦學校來共同作一種促進人類理想社會之實現的工作，這是我的最高的志願。然而當我想到我有如此之志願而要去求達到時，我便想到我的名位之低，我不能眞正登高一呼萬方響應，以造成一種文化運動，所以又常不禁灰心，反而想到社會對我太薄了，於是生許多感慨。不過我現在已決定了，一切的事都當不問收穫，但問耕耘。只是盡其在我。我現在想關於文化事業一層，如辦書店學校……造成一種文化運動之類，我是無必然之把握，因爲賴於外在之條件太多，如果能去作則去作，如時會不合，我便決心專門著我的書。如教書與著書不相悖則教書。如相悖則我在一二十年後再置備點田產便隱居著書，這便是我上次與你信的意思。不過我想隱居的事多半作不到，因爲現在已無地可隱，而且我想在大學中教書亦與我之著述不悖。所以我想我以後的生活，如果不能作文化事業，便只有教書著述，以盡我對於人類社會之責任。不知你贊成不贊成？

關於以上一段述我的志趣的話，尙有許多未說，亦不必一一說他。不過有一點是非說不可。就是我這個人在宗教上是相信佛學的，我信靈魂不滅，而且信淨土實有，我在晚年一定要學佛，不知在這一點你可贊成不贊成，務請你告我。光妹我的人生理想認爲人生是多方面的。一個完滿的人格之生活應有宗教信仰（神）、藝術文學欣賞（美）、學術研究（眞）、社會事業（善）及家庭中的父子兄弟夫婦之相愛、社會上的師友之相敬之外，同時也當有比較好但不可必之社會名譽，與不感太苦的物質生活。我自己是想成爲一個各方兼顧的人格，我想這也卽是儒家的中庸之道。光妹這樣說來，你一定要想到我同你關係只是我的生活中間於愛之一部份，這話我承認，因爲我愛我母親及弟妹也愛人類，我不只是愛你，但是我希望你也是如此。我雖然很愛你，但是我反對現代青年之只有愛人而忘卻其他一切的愛之態度，因爲那愛太狹隘了。

不過我又認爲愛是整個不可分的，一個人可以愛多方面的人，但是愛每一人都是以整個的心全生命去愛。而且愛是交流互貫的，譬如你愛我便愛及我之母親弟妹，我愛你也因而愛你之父兄。你愛我因而你愛我之理想，及我對人類社會之責任感，於是願意幫助我去作社會事業。我愛你於是我願把我之信仰宗教，欣賞藝術文學研究學術之精神傳遞於你，感染於你，反之我於你之理想也當如此，你也當以你一切的精神傳遞感染於我，這樣一來，則我們的關係一方面是我們生活之一部，一方面卽合攝我們之全生活，這眞是宇宙間的奇蹟。所以我希望你告訴我生活上的一切，我也將我生活上之一切告訴你，這我認爲是我們相互間求精神合一必須路道。不知你以爲如何？卽候你安好。

毅

一九四〇年十月十九日

第十四信

光妹：你十四日及十九日兩函同時收到，你的信我常常看好幾次，我寂寞時便取來看看，但我與你的信都很長，你一定不容易多看幾次，不過我望你總得多看幾次，我想除了了解我以外，你可以更了解一些人生的道理。我有時覺我的話寫得很好，不知你覺得怎樣？

光妹你的前函中所談的話，使我想起我十一號及十七號十九號與你寫之數信之內容，眞奇怪如何你要問我的正是我那三信所向你說的呢？你問我對你的希望，而我那三信主要正是向你表示我對你的希望。而且問你對我希望又如何，不知你看了覺得怎樣，你覺得我對你的希望太苛而太多了嗎？如果你覺那些你不能接受你告訴我。我接到你最近二信後，我對於你更是相信更是放心。我剛到渝時那信中似莫有一句表示愛你的話，因爲我還未得到你的回信，所以我的心很凉寂。後來我得到你熱烈的回信，我又想你看了我此信一定會不高興我，但是你此二信一點也不不高興我，我才更放心了。光妹我更是喜歡你了，我更不忍使你感着不能符我之希望而難過的痛苦。如果你不能接受我便自己撤回，實在說那些希望有好些只是我臨時的感想，不過同你說說吧了，你總不要太認眞而不安。光妹你恐怕還有些不了解我，你一定疑心我脾氣很怪，從一方面說這話我不否認，不過我一點也不執拗，我相信我的眞心是非常柔和，一切的事在我都可商量，也許從表面看來，人會說我很有個性而且偏於剛強，但是我自己知道我的心很柔和，同我處久的朋友莫有人不覺我之仁柔。我現同你說一事從莫有與人說的，說起似乎不好，不過同你說說也不要緊，即我在中學及初入北京大學那幾年間，有好些很好的朋友，都說我有點近乎女性，他們都很尊敬我。但是也偶然同我說笑話說：「如何你不成女子呢？」我也只好以那同樣的話來回答。其中有一個中學的朋友，他說他的全部生命卽寄托在我一人身上，這朋友對我眞好，後來因肺病死了，他比我大四五歲。他在死前有信與我，最後二句他反自稱姊，我還記得那是：「姊願化月魂幽光永照弟。」這朋友我現在還時常念及他。我還要告訴你，就是紹安兄在南京時贈我一像片，他寫的是：「君毅吾愛，你的紹安贈。」你說好笑嗎？他還是你的情敵呢！我舉這兩件事，我是望你不要從我之外表以為我很粗暴很固執，我的確有我非常柔軟溫和之處，我有非常大之彈性，莫有處不好的朋友。而我自己作人的理想我也希望把我自己訓練成有寬裕溫和的態度的人。古人云君子溫如其玉，我自己作不到，因為我內外不如一，即是內部之功夫還未充實，但是我總想把我的性質變來更溫厚一些。光妹我相信我們的性情脾氣是可以投合的，我還記得有一次在我房中，我們同坐在床邊談到我們的脾氣，我問你是否愛冒火，你說你冒火時便去睡覺。我從那一句話便知你是不傷負人的，你寧肯自己吃虧不表在外面而傷負他人。又如我去年與你寫那樣的信，你那時心裏總有些厭恨我，但是你的信雖發怒而未曾真傷害我一句話。後來我們反復了這樣多信，我知道我有些話是太要保全我的自尊心，其中定有許多傷負你的話，但是你的來信至多只是使我有時覺不痛快，你亦決莫有傷負我之處，尤其你最近六七封信，我從你語氣之婉曲，更知道你性情之溫厚，富於體貼與柔情。我從前說你缺乏這些，因而意念動搖，我真太對不住我現在的人了。我覺得你的心亦是非常柔軟，而且你這種好處同我一樣是潛藏在你內部，從外部看來你雖不粗暴，但似有些呆滯不大見得出你溫柔之處。但是我相信有眞正溫柔之性格的人，他的溫柔最初都不表現於外，而是逐漸由修養以表現於外。最初便表現於外的溫柔，常是很淺的，莫有很深的內心根原的，那便不足貴。有很深內心的根原的性格，如大樹之最初植根於很厚的泥土最初是看不見的。其實一切優良的性格如果有很深的內心的根原，最初都是不表現於外面。所以說君子之道闇然而日章。我想我們都是有深度的人，所以不能從表面了解。我覺得我很了解你的內心的溫柔，我最愛你的地方卽是你這種性格，而你這種性格從你近來與我六七封信的辭氣之婉曲處最可見，我希望你永遠保持這種性格，而且充實之使內外如一。還有你說我從前說：「你同我接近時不覺得你好，你離開我時，我才覺你好。現在我又同你接近，你一定會覺我不好。」這一點便是我二月前便想到的，眞是有趣，我們想的總是一樣。我本來是要先問你的，因爲你也說過同樣的話。不料你竟先問我來了，那我便答復吧。本來我常想人對於已得的東西，總是覺不値寶貴，一般人總是賤近貴遠，所以我有時還憂愁如果我們已在一塊兒住，會彼此都覺對方不過如此。我們現在之彼此覺得很好，不過因距離遙遠，還不算眞彼此得到手吧。不過我想我們的情形同一般人不同，因爲凡是賤近貴遠的人，必然是喜新厭舊的人，但是我們全不如此，我相信我們之不好了還復歸於好，最初的原因，是大家都覺不願辜負過去曾有過約的人，大家都相信人不如故、衣不如新，我覺得念故情的人，決不會因爲大家都達到目的，便覺得彼此都失其好處，因爲念故情的人，必然求其情感隨時間而加深，所以彼此間可以繼續不斷求創造出更深的情愛，這樣便無論何時都不會感到厭倦與平凡的，一定是可以隨時間之進展而感到新新不已的情愛之增進。關於這個道理我認識很清楚，我願這樣去做，不知你覺得怎樣？我相信只要我們彼此如此做下去，我們決不會彼此感到平凡的。其次我們現在大家都憂慮到這一層，即表示我們大家都先已思患預防。我們對於一切事先知道思患預防，便決不會有什麼危險了。我們過去相接近時彼此都不很覺對方好者，我想根本的原因是不深相了解，其次老實說即我們的婚事未免成得太迅速了。你不是第一封信便答應了嗎？凡是太易成的總不使人寶貴，所以我們後來便鬧出亂子。不過我們現在之成都是經了這樣多的困難，如果不是大家都以眞誠坦白相見，彼此原諒自責，都願意犧牲就近的異性，各降下自己之自尊心來相求一次，彼此的家庭都能諒解，實在太不容易了。而成以後我們不再有怨言，如我說你對不住我，或你說我對不住你之類的話，這也是非常之難的。光妹這也是我們父母賦與我們的稟性都很忠厚，我們才有今日。我想着我們的事成功之難，我相信我們彼此以後一定寶愛我們的關係。孔子說仁者先難而後獲，難而後獲者便不會失。也不會因已獲而覺平凡了。

光妹，我們的精神在冥冥中時有感通，有神在我們二人之中，同時投下共同的觀念，讓我們互相滿意，你說是不是？還有我的信常常自己說我之好處，我確不是誇示我自己，亦不是這樣說使你更愛我。也許下意識中是如此我不知道，讓你們學心理學的去分析吧。也許我本來莫有這許多好處，我偏要說我好，我是使你更高興一些，使你覺到你愛的人並莫有愛錯，而自己覺到一種滿足啊！即候光妹安好。

毅

一九四〇年十月

第十五信

光妹：自從你說你一週與我寫一信以來，我接到你的信四天以內都是我高興的日子，到後三天便會望你的信了。你這次的信預算應前天來，但是竟無所得，昨天又無所得，昨夜我夢見你信來了，而且寄有你的像片。今天上午我便出去玩因爲難得等，我回來後那書記便交一信與我，只是沒有像片。我下午又出去玩了半天，大概都是到郊野去逛。我很自由，所以我可以隨時出去，我今天下午一方去玩，一方便想我應該同你說些什麼，我回來想好了便同你寫此信。

我覺得你對你家庭中人的態度很好，你的家庭確相當難於使之和睦，因爲人太多了，利害又不一致，我想你可以比較站在超然的地位，可以以感情來感動他們，而且可以說一些公正話勸勸他們，你這樣處一定可以至少使你家庭中少生一些問題而比較和睦。不過要絕對和睦是不可能的，因爲不是一母所生，所以你只當盡你的力，不能抱過大的希望，不然你將來會大失望而苦痛。我認爲一切事力是應當盡的，無可奈何時則聽之，不能奢望，奢望卽是一種貪心。你一方不要太奢望、一方盡你的力，使他們自內心感動，自然你的家庭中人彼此間的關係會比較好起來。而且你這樣去做，一方盡你對你家庭之責任，一方亦卽增加你應付事情的能力，且可以更了解人性，人當如何去教化的道理。

光妹，我常想你處在你那樣紛爭的家庭中，又莫有母親一定很苦，一個人失去母親的愛的確是最可悲的，母親的愛的確是無盡之偉大深厚。我雖然在母愛下過了三十年，但是除了讀書，我同母親只有十年的相處，我現在每想到我母親最後要去世，我便不能想下去。我覺得只有相信佛學才可以安慰。我想着母親一天會不在的苦痛，所以我相信佛學。而且勸母親信佛。不過我母親到底還健在。我常想到你之莫有母親，我同時想着你幼年所感的許多無母之苦。我從前不是同你說過嗎？我說男女之愛與母子之愛是一種愛之兩種形式。母子之愛是一生命中分出一生命成母子二生命後中間之愛，男女之愛是二生命要求合爲一生命之愛。我說那話的時候，我的確同情你是無母的孤兒，我希望你有一好的伴侶，我莫有料到一定是我自己，但現在竟然是我自己，所以我自己覺到我有一種責任，我應當補償你那一方的損失。不過我想我對你的愛還有許多不足的地方，以至我偶然幾天內還怨恨過你，而且我前一次寫信與你還有那疑心你的夢，這些都是我的過失。光妹望你相信我，從今後我願意對你的一切我都負起責任來，只要我作得到的，你希望我怎樣，我一定努力使你滿意。光妹：你說你相信我，你覺得受我支配都樂於，支配二字不好，不過這是表示你願意順從我，我是非常感激你。我今後一定要更振刷我自己，我要對你的一切都負責，使你幸福，使你學問見識更進步，而人格日趨於更完滿。你從前不是說你有四種憂愁嗎？現在關於你家庭的憂愁已去了，我希望你也不要憂愁你自己，我想你將來決不會遇着令人憂愁的環境，而且我負責我可以使你學問同見識方面更進步。光妹你不會說我太誇大吧！我望你眞正相信我，在道德人格方面，我有許多缺點，這點我許多地方不如你，但在學問方面，我相信我的路子同根本方向是不錯的，在識見方面我是高過許多人。光妹我不是吹牛，我相信如果我以後環境順遂一點，我一定在學術文化界有最高的貢獻。因爲我現還年輕所以大多數一般人不很注意我，但是許多老先生望我當他的傳人，許多師友稱讚我，這不是偶然。而我所表現於外的，尙不過我之十分之一，所以我相信我將來必有極偉大的成就。我願意你在學問上聽我的話，因爲我們之間的關係是一種太親密的關係，我恐怕你會疏忽我的話。所以我希望我在你面前一方面是同你莫有一點距離，但是在談學問的時候，你最好把我當作與你有距離，如古人或外國人說的一般，至少要如你學校先生說的一般。實際上你們的先生雖各有專長，但是在學問規模方面絕對不如我，這有許多人都能承認，你不信你將來多問問人便知道了。

光妹，我現在要約略同你談談你應當治的學問，同應抱的志願，你學教育及心理是很好，關於此一門學問我雖不擅長，但是關於未來的教育學心理學應如何發展，我有多少話可說，現暫不說吧。我現要同你說的我是希望你在教育學方面注重家庭教育、心理學方面注重兒童心理，而且應多注重高級的精神現象，如文學藝術之心理、宗教心理等。關於家庭教育我覺得關係太大，人之根本性格之養成全在家庭，由父母的愛而出發的教訓亦最有力，現代人太忽略家庭教育，我想你在家庭中小時受了許多苦，這是因你家庭不合乎理想，這也不能怪你父親，這是一社會制度的問題。只是你想着你莫有得着好的家庭環境，你便當推你的心而發願去想法改造一切的家庭，化人間的家庭都成美滿的家庭，使未來的一切小孩子不至再受你所受的苦痛。你感現代的教育對於變態兒童的教育太不合理想，你便當多研究兒童心理、研究如何的教育方法才合乎變態兒童心理。其次現代心理學我覺得還太幼稚、太忽略高級精神現象之研究。行爲派完形派都只是在知覺現象及交替反射現象上用功夫，對於高級精神現象研究太少，這自然是科學心理學尙幼稚之故。但是要對人類心理多有了解，也不必只限於讀現代所謂科學心理學的書。如過去哲學的心理書亦可讀。而且讀文學書讀傳記書也可以幫助我們了解許多高級的精神現象。此外自己反省自己的心理，同觀察他人的心理縱不能得出科學的論斷，還可以增加我們對於人類心理的了解。我對於心理學自然用功很淺，但是我對於行爲派心理學很不滿意。自然其實驗也多有可取，但其基礎是唯物哲學。完形派較好、機能派也好，我尤喜 James，因爲他研究心理有文學家的欣賞態度，這樣便多一些同情的了解。此外我很喜歡 Sprenger 的人生之形式 Types of men，其中前二部是人心理之研究，其第二部分論各種宗教人、理智人、藝術文學人、教育人、政治人、經濟人之心理極好，我希望你以後看。不過中譯本不及英譯本好，而且有錯，但也可以得一大概。西方的教育書盧梭的 Emile 我很喜歡，此外則貝斯塔洛齊、蒙臺梭利、愛倫凱三人的思想我也很喜歡，但我未直接讀他們的著作。此外則丹麥的教育辦法我也希望你注意。除了你自己專學的以外，我望你多讀哲學文學的著作，柏拉圖的理想國及五大對話集，亞里士多德的倫理學，卡萊爾的英雄與英雄崇拜，叔本華的悲觀論集，太戈爾的森林哲學。其次文學書我介紹你看梅特林靑鳥、太戈爾新月集、飛鳥集、意大利某著愛的教育，英人某著阿麗思漫遊仙境、托爾斯泰復活及莎士比亞哈孟雷特、羅米歐與朱麗葉、暴風雨、歌德浮士德、彌爾頓失樂園。

還有佛書我望你看維摩詰經、聖經中新約可先讀約翰福音、舊約中之詩篇雅歌箴言創世紀前十章。

中國書方面我介紹你看四書、老子、莊子、列子、禮記、近思錄、呻吟語。禮記可先看樂記、列子可先看黃帝、莊子可先看盜跖、德充符以引起興趣。這些中國書對於你都有好處，老莊列三書比較玄妙，有些你不能了解，我也不能全解，但是不解也不要緊，總有些解的，這三書可使你胸襟更高曠超脫，你可選有趣的先看，無趣便換一篇，有趣的多看幾次。文學書我主張你多讀，我望你把詩經中之國風讀讀，楚辭中之離騷九歌讀讀，此外則古詩十九首、蘇武李陵唱答詩、陶淵明王維孟浩然韋應物柳子厚及蘇東坡的詩可多讀。詞我介紹你讀蘇東坡辛稼軒的詞，或找一本詞選來讀。史書中我望你讀讀史記中之項羽本紀、孟嘗君、信陵君、平原君、春中君列傳、刺客列傳、游俠列傳、孔子世家、蘇秦張儀列傳、屈原列傳、伯夷列傳、張良世家。史記文章生動，寫人物能得其精神面貌，看後可以閉目想像其爲人，對於你精神之開拓極有益。小說中我介紹你看水滸傳前半部、紅樓夢可擇看其中三主角有關之處。此外則封神西遊言神怪也可開拓胸襟、鏡花緣亦可看看、劇曲中我望你看看西廂記可先看別宴驚夢、琵琶記、桃花扇可先看餘韻、牡丹亭、長生殿。

現代中國人著述我介紹你看朱光潛之文藝心理學、談美、給青年十二封信、豐子愷的音樂家畫家傳、梁漱冥的朝話，你務必看看於你甚有益。這些書有些你定看過，看過也無妨再看，你們圖書館不定都有，可選有的來看，我希望你以後與我寫信都告訴我你看了一些書。這些文學哲學書我認爲都是可以使你識見更廣大、胸襟更超脫、智慧更增加、人格更完滿的書。這是我細細想過才告訴你的。我覺得你現在最重要是讀讀文學詩與劇曲，劇曲中西廂、牡丹亭、長生殿事實內容均不高，但可欣賞其文學，琵琶記桃花扇較好，西方文學書我上列所開者，如你們學校有便借來看，有些什麼書你可告我，莫有的我以後可買點寄與你看，你可以把我上所寫的抄下來，發現何人有便借來看。以上的書約五十部，我希望你能看一半，可以選着看，每一部書我都可以說出你看了有何益的道理來，不過今亦不必說了。你相信我的話，我便望你去看，不過我不要你看得太苦，如無趣味便換一種來看，而且不要在精神不好時看，因爲這些書都是提高心胸，要出於愛好的心理去看，勉強當作義務如讀教科書，便不能得其益處。還有你看時不要想馬上得什麼益處，現在縱似乎對你無益，將來你必可發現牠們對你之益處。其中除老莊列子近思錄之一部份你或者不解，其餘你都能解，而且你必可以看出趣味來。

讀書要讀得自然不要勉強，勉強則書與我爲二，你讀書要如讀我信一般，這許多書除復活外都是我讀過的，而且是我喜歡的，我也受這些書影響最大。你讀牠們等於讀我的心，你讀這些書便想着我曾讀這些書時的心境，我自己的心卽在這些書裏面，你讀時便更有興趣了。光妹我這樣教你讀書，你覺得好笑嗎？

光妹，我希望你多讀一些書，但是不願你多讀書而瘦了，我想你們的課也很忙，我現在又要望你多讀書，你不是太苦了嗎？不過我認爲你的功課只要能應付便够了。大學中的課程，有許多是莫有什麼價值的，我在大學中讀了許多課，只有四分之一才對我有好處。我的學問幾乎全賴自學，所以我望你多讀課外書，這些書對你之好處，你有一天會知道比你讀教科書大許多。

關於我對於你讀書及應造之學問教育心理應抱的目的，與應注重之點我已說了，我想同你的本意也必然差不多，我的話還是先想了你的心理而後說的，你覺得合不合，如你不贊成可以駁我，我決不致生你的氣。我望你相信你在學問上如照着這樣去作，你必可有成就。你讀這些書後，以這些書來指導你、開拓你的胸襟，你必可覺有更豐富的人生意義，更充實你的內心生活，同時我們之間也有更深相互了解。因爲我所愛的書你亦讀了，那我們將來的共同生活也更幸福一些，你說是不是？此外我讀的書自很多，但與我性靈生活關係較少，那些是純哲學的。

光妹我望你相信你將來是幸福的，我的家庭我可以擔保是一無私的家庭，我們家中的確作到人人以他人之心爲心，莫有人有一點私意，所以他們愛我也就愛你，我的母親自然有時也有點脾氣，她有時與妹常爭執，但是過了便算了。她常常想她之德薄，所以使我們的婚姻都未解決，她常常想恐怕萬一她會與兒媳處不好，她總是自責，其實她決不會與兒媳處不好的，因爲我母親是非常多情的人，你看她的詩便知道了。她有時偶然發脾氣是因爲老了事情忙之故，所以兒女們都原諒她。我母親是我父親的朋友們、我及我弟妹的朋友共同認爲最好的母親，所以歐陽先生說，我母親是孟母，是現代中國第一女子。的確我母親是了不得，她作詩文我們都不及她，談道理也很能談，我望你相信我的家庭是決不會使你苦痛。我也向他們擔保你一定同他們處得好，何況你與他們原來就處得好呢。從你最近的信，你說你處你家的辦法，我更相信我們共同生活後，你必覺與你親的人更多一些了。

還有我相信我的朋友們中有許多很好，無論自學問上說、人格道德上說、社會地位上說，他們都是社會上中上等，那他們也可成爲你的相識或朋友，你一定可以更多了解一些人物。所以光妹我相信我一定能使你將來的生活更充實豐富一些。我現在所憂的，只怕我身體不好，年歲大了，你不高興。年歲要大是無法的。但是我要使我的心永遠不老，我要使我身體更好一些。算命的說我以後的身體會好起來，我想也許靠得住。

光妹，我近來的苦痛就是此地太寂寞，莫有朋友，不過我常到大自然中去，我覺得大自然是無窮的淵深，我可以把心沉入其中，而且作各種幻想。

毅　上　一九四〇年十一月

第十六信

廷光妹：

二十二日的信已接到了，我昨天才與你一信，我接到你此信後，想到我那信中最後一段所寫的不知不覺使我非常難過，你看了一定會不高興。我很後悔寫那樣的信，作那樣的夢，這證明我下意識中對你還有一點不放心，這眞是罪過，我現在又懺悔吧。不過這怪我心理常有些不健全，我不是不相信你，我是想着我那兩封表示我對於你希望的信，我對於你所求太奢了，我似乎要你一切都與我一樣，雖然你說你永遠愛我，但是我恐怕我那兩封信的許多話會使你不滿意，所以我有時便會憂慮。因爲我很寂寞，我常常想着你之好，想你馬上在我身邊。但是光妹我因爲愈思念你愈想着你之好處，我又覺我自己似乎莫有眞正與你朝夕相伴享受你信中表示一切的愛的福氣。光妹你要知道一個人對於他愈寶愛的東西愈容易莫明其妙的生出一種恐怖失去的心理，所以我覺我似乎莫有那種幸福，因此會作出那種夢來，不過光妹我相信你一定了解這是一種愛情的徵候。這在一個多少帶些神經質而且對於宇宙人生常常有一種縹緲的情緒的人所不能免的，我想你定能原諒我吧。光妹我現在又有一種憂愁，我憂愁這信會使你不快，我總是自己創出許多煩惱自己受，同時使你不安，我眞有些怨恨我自己，我希望你寫信來責備我罵我，我願意受你的懲罰，我願意受教訓使我永不會再有任何的憂懼，你就罵我一頓吧，我好再向你道歉。

不過，光妹，我現在已得着那兩封信的復信了。你覺得莫有一點對我不滿，你願同我一切一致，隨我學佛，隨我隱遁深山，你願意以你的眼淚熱血、你的生命來培植我，使我在學問上有成就，當我看到這些地方時我的眼眶已濕了，我眞是感激你這一種偉大的愛。我相信在這荒涼寂寞的人間世中，不會有比這種愛再可寶貴的了，這眞是我的幸福。不過我愛的光妹，當我想着你對我這般的忠誠時，我又覺非常慚愧。雖然我有對自己自負之處，我相信我的未來可以有大的成就，但是我知現在的我有很多的缺點，我過去犯了不少的罪過，我覺我現在不配一女子以全生命來愛我，同時我覺得我過去對你說的許多自誇的話都不該說，我恐怕我自己不會眞是那樣値得你愛的人，我恐怕我自己期許過高，將來使你失望。不過光妹，我現在無論如何是無法自行對你引退的了，我現在再也想不到其他的路可走，我只有努力改造我自己使我人格更少一些缺點，學問上有更大的成就，使我更合於你理想的男子的準備。我以前的罪過，我自己已用眼淚湔洗，我想上帝同你會原諒我，我相信我不懈的努力，我當可以符你一切的希望，化我的靈魂爲値得你在其中住的房子。因爲預備來築房子的樹木，已因感受你的熱情的灌溉逐漸成長了。

光妹，我看了你這封幾千字的信，爲你一貫的熱情所充塞，我覺得你熱情似乎發出一種光輝來籠照我，我感着你一種強烈的精神力量，我現在知道你不僅富於溫存體貼的柔情，而且有一種內在的剛健。這一種內在的剛健卽滲融於你的溫厚的情緒中，這眞是我理想的女性的典型。我同時覺你之內在的剛健，似乎是一更高於我的東西，我覺得你好似在我之上，我覺得我現在不僅覺得你之可愛，而且覺得你之可敬處，但是我現在才親切的覺到你之可敬。

光妹，你莫有虛榮心我早知道了，因我曾看見你與斯駿兄的信說，紹安兄曾想你當校長，你認為當與否無關，最重要的是修養人格。此外我也曾從各方面考驗得出你之無虛榮心。不過我之還要問你究竟是否對於名位視作無足重輕，不是因為我不相信你，是因為我自己有時不免有虛榮心。我實在同你說，我最大的缺點有二：一是過於自尊有時有些傲慢，其次便是虛榮心，不過我的虛榮心，與其說是虛榮心不如說是一種榮譽心，還是由我之自尊不願受人輕視來的。因為我是如此，所以我自己對於名位不能全不計較，而且我覺有名位才能作事。正當的名位之取得即合於眞善美之名位之取得，也不算罪過。所以我也不勉強尅制它，只是我也不迫切追求它而已。因為我想我是如此，所以便想到你，我覺得我有一種責任使愛我的人由我獲得各方面的滿足，雖然你自己是無一點虛榮心，但是我除了在人格學問上奮勉外，在社會事業上我也要努力，使我有更高的名位來報答愛我的人。不過我恐怕萬一不能達到目的，使愛我者失望，所以我先把最後的退步拿來問你，你現在對我最後的退步都贊成，那我便無所恐怖，因為我在社會上無論到什麼時候，名位在什麼階段，我都不算失敗，即不會使愛我者失望了。

光妹，其實我隱居的意思並不多，不過我對於佛學是非常喜歡，覺得人在老年應當學佛，應有宗教上的信仰，相信靈魂不滅與死後生活之存在，死後的精神進步之可能。關於這一點我有很多的話同你說。我認爲這與我之入世的精神並不相悖，我覺得人應以出世的精神來入世，這樣才可免除得失的心理，這一點我作不到，我不過心嚮往之而已。我現在不能免除個人得失的心理。不過我一定要將我對於社會文化的責任心及對於人類的同情更放大，使我一切求名位的心都是爲的作社會事業，不過在過去遇着得名位與我的良心信仰相悖的時候，我自然是犧牲前者，所以我未作過對任何人阿諛逢迎的事，也未用過任何不正當的方法去求名位，這點我問心無愧，我始終未喪失我在社會上的操守，我想我能永遠如此，這點請你放心吧。所以你來信中所勉勵我的那一段話，我完全接受。光妹我一定要努力去負擔我對人類社會的責任，以符我愛的期望。

光妹，因爲我感到你這信中所表現的對我偉大的愛，及熱情中所透露的內在的剛健，及你這一番勉勵我爲社會作事的話，我是更敬你，不過我仍用愛字來包括敬，因爲我比你年齡大一些，年齡大者對年齡小者應當以愛來包括敬，所以你雖然那樣稱呼我，我未以同樣的稱呼來還報，我覺得稱呼很有關係。

我覺得在一切人與人關係中男女間的關係是相當神秘，因爲這是要求精神性靈意志情緒及生活各方面的融爲一片。所以從某一意義說，男女之愛中有朋友之愛、有兄妹之愛，在互相保育的意義上還有父女母子之愛，在互相順從的意義上有好似互爲君臣的愛。男女之愛不似那幾種愛本身之純，但更爲複雜而豐富，這卽是因男女間要求各方面之絕對合一之故。所以男女眞相愛，便有莫明其妙的無間之感。我常覺看到你信中有喚我的名字的地方，我便好似已在你之前。我很喜歡你把我的名字減去一個不重要的字，我非常高興，不過我這個人常常有些怪想，你會笑我。我昨夜得了你的信後，我夢見你第二次與我的信的稱呼又改了一字，更能包含兄妹之愛的字，我不願意你眞那樣來常常稱呼我，但是我希望在有的地方，卽表示你對我之溫存的地方那樣的稱呼我，好不好？光妹這些都是我的實想，你一定會說這個人眞是太可笑了。我愛的光妹，我不知道你是否覺得我最近那兩信似乎在侮辱你，有些我本不好意思說的話我都說了。我常常想到在過去我們在成都會面時，我們尙莫有深心的接觸，而有那許多親密的表示我眞罪過，我過去有一種揣測，我想你之不滿意我就在那一點。一個端靜莊重的人會覺我那時的表示是不應當的。不過光妹在那時的情形，我想我們在當時一頃間，總還是想着彼此是終身伴侶了。同時我想着我們的了解雖不深，但較以前只是通信時期深多了，而且老實說在當時也莫有想着我們以後還有更深更深的了解像現在一般。我想你在當時也覺我們之了解程度已可容許我那種親密的表示吧。但是自你走後，我便覺那種表示是一種罪過，而且我想你以後一定有同樣感覺，你一定曾想過我那種表示是冒瀆你的尊嚴，是不是？然而我們現在的了解更不同，我們是有眞正的愛了。但是我還疑心你見着我前二信那一類的話，會看不起我，因爲我知道你精神的崇高。光妹，這一點我要坦白同你說，我有時會有那一類的幻想，雖然我對於你的愛根本是建築在純精神的了解，愛敬感激之上，但是我尤其在夜間總希望你在我身邊。究竟你看來我應不應有這些幻想。如果你認爲不應該，我便不再有那些幻想了，也不再向你表示那一類的話了。

不過光妹，請你不要誤會，我不像現在一般青年想馬上與你結婚，而且愈遲結婚愈好，我的幻想也有一定的限度，我不知道在此限度內的幻想，你容不容許，如果你不容許，我便不想了，你可也有過如此的幻想，而且願不願意我對你有這種幻想，你可不可以告我，光妹你一定覺得我這問題難答復，而且我這樣的問法，古今中外的人寫與他愛的人的情書是不會這樣問的。不過這根本的理由是我恐怕你看不起我，我又不能不把我的眞實告訴你，這眞是太可笑了。

光妹，我的確是愛你，我對你的愛好似有無窮的方面，我也常希望在各方面滿足你，你在各方面滿足我。我們現在是不能相會，我們只有通信，我希望我們以後的通信包含各方面，我們可以自覺的去安排它。我們過去的信是言情處太多了，不過這也不能怪，除了言情又如何安慰彼此的寂寞呢？言志的信，我那二封已可看得出我之志願所在。你的志願從你這信也可看得出大半。我希望我們以後多寫些言學及言生活狀況與對於人生社會的感想的話，互相寫出來。我們可以把比較的正經話放在前面，後面便隨便說說，你說好不好？

你要我寫一封可公開的信眞有點難寫，其實我的信都可公開，只是別人不知我們的情形便不能公開，我想想看或者可以寫一封可公開的信與你。

你現在上些什麼課？那幾種課最有趣味，你可作有論文，能否寄一篇與我看看，你說你們有修養日記，請你寄一本與我看看好不好？我願把我的日記與你看，只是關於我們的事我莫有記，因爲恐怕人偷看，我對你的一切都在與你的信中表示了。

人生之路一文你還有些什麼感想，我這文一半是成都作的，後一半是自智慧沉入虛空以後是在重慶一天以內寫的。那時正是三四月，我們的婚姻已破裂時，我感到我的情緒無處寄放，我便馬上把它昇華起來，把智慧化作人生的愛人的辦法。如果不是我同你之間有那種誤會，也許我至今還未將後半寫出。我前半寫好十日都不知後半如何寫？那一天之前夜突然想起了如何作法？第二天便寫了七八千字而成功。不知你看了此文之後，可曾發現其中有好些話是從我們間的事所啟發，其中智慧忽然化作女郎而噗嗤一笑出門，許多人看了都覺有趣，我老實同你說，這是從你前年到成都時初到我家進門時噗嗤一笑來的。犯罪的故事，是從我們間過去的意念動搖來的。不過我是把這些事都變了意義，而用以象徵一宇宙的普遍原理而已。我這篇東西我自己也很滿意，有幾個朋友同妹弟們看過都非常讚嘆，你說太玄妙一些是不錯的。但是我總覺人心要空靈一些，現代人太現實了，這反不能領略現實的意味。我打個或許有使你不高興的比方吧，我曾在一夜幻想我同你在一山上，四面寂靜無人，只有滿天的繁星同山下白茫茫的霧，你在我的懷中。但是我此時便想我的心在上面的星空，自己欣賞我同你當時的一切，我也勸你如此設想，於是我們都忘了自己同升於太虛。又有一天早晨出去見太陽，見初日向雲四散，其光線之形看去眞像一光字，光字古文爲灮，從火從人是人在火下，於是我想到你，我覺你的面如太陽一樣大，似乎放出光輝來照耀我。這些幻想我常常很多，我覺得可以使我生活意義更豐富。但幻想所由成都是由我善超越我自己來看自己，和我有空靈的心而成的。我常覺得要超現實才能體驗現實之意義。出世才能入世，忘卻自己才能發現自己。可不要男女愛情的人才能有最深的男女愛情。不自幸福觀念出發而自責任觀念出發才能有幸福。現代人太現實了，這使他們反不能體驗現實之意義。所以我要主張一種空靈玄遠的哲學，你覺得怎樣？對於我那文還有何意見請你告我。

光妹，你說今年已進二十七歲，我今年已進三十二，那我們只差五歲了，我高興極了。我老實同你說，我總不放心我之歲數比你大許多，而且我看起似很大，我不願意在任何方面你對我有一點不滿意。現在我們歲數差不遠了，我想你不會再有不滿意吧。我一月十七日生是算的陽曆，陰曆是十二月二十六日卯時。如果你是十一月十七日生，那我的月日減掉一月九日，我們便是同日生了。你的陽曆生日在何日，可能告我，我將來爲你一查，也許你陽曆是十二月二十六日也說不定。總之不管生日同不同，我們的生命總是共同的了，你說是不是。

但是，光妹，我已知道了，你把你歲數說大兩歲，完全是安慰我，使我不要因爲覺得比你大許多而難過，光妹你這番意思，我不知如何感激你，雖然現在你對我的愛是無條件的。

光妹，你說你一星期同我寫一信已很好了。我雖然希望你多給我信，但是我不願多躭擱你寶貴的時間，我只希望如果你任何時候，忽然念我要想同我寫信時，你偶然寫幾個字，與我一二句話都可以，我收到也必很高興。

光妹，我不知怎樣同你寫信的字寫得那樣小，我希望以後寫大一些。關於問你對婚姻是否有趣，是我故意問你的，因爲你先問我，對於婚姻是否全是爲母親呀！

光妹，你只問我一星期與我寫一信我滿不滿足，但你是否希望更多接到我一些信，你可以告我。我覺得我與你寫信是非常高興的事，因爲我可以使我的心與你的心相見。光妹我過去與你的信太多誇大，我只顧說我自己，我相信你有許多長處，還有些是我不知道的。光妹你說出吧。你可以盡量的說吧。我願意你向我表現你之一切。我的身體已好些了勿念。你胖了我很高興，但望你不要使她再瘦。即祝你好。

念你的人　一九四〇年十一月九日

第十七信

廷光妹：你這次來信言及你一時之寂寞，並又問我對於你三年才畢業的事意見怎樣，這一點我早想向你說，我只是怕你誤會，我實在告訴你，我所感的寂寞之苦比你深得多，因為你在校中同學朋友很多，我在此幾乎常常都是一人出游，我常常都有許多感觸，眞是痛苦，我想我們這次才眞了解，我們亦可說是新相知，古詩有兩句：樂莫樂兮新相知，但是我們的情形卻是兼那一句的呀！我每想到你在迢迢的天邊，而且還要三年才相見，從情緒方面說我眞不能忍受，何以你似乎說到此時不覺有什麼一樣呢？廷光妹我當然又不忍躭誤你學業，不過我母親對我們的事，也常常都在希望我們有一正式的解決，她所謂正式的解決，我直接說吧就是早點結婚。這二字我不知如何說在口中，似有點難為情，我似乎又很不想結婚，我覺得婚前的眞相愛似乎意味還深長得多，但是如果我們不相負的話，這事總是不能免的。而且從另一方說，結婚後我們各方面的生活才都共同，我們才眞合爲一體而接觸主宰我們關係的神，所以我也贊成。因此我原有一想法是明年暑假望你囘來我們同到峨眉去玩，便在嘉定或成都同你舉行婚禮，國難期間我想不要舖張，就是同居與否，我先想也可以緩到後來，總之先安慰了老人家的心再說。不過我又想設法明年到西北大學去教書，便可與你在一處，然而此事不一定成功。我又想你暫時休學一年同我一塊兒在靑木關住，此處的風景眞好，我想你同我住、同着讀書，也許比你在校所得益還多，因爲我近來覺今之大學可讀可不讀，你前後也算讀了三年，我覺憑照無用，我直到現在未用過我之憑照而且根本還未去取呢。我又想在數年後我總有機會到外國去，我不是想再去讀書，我想會會世界上第一流學者，如太戈爾、柏格森等，並憑弔康德之故居、哥德之墳墓。我想等到那時你再去補足你的學業。不過我又想你畢業也好，你定不願意中途輟學，因此我又想如結婚後不能同居，又莫有什麼意思，我最後想來想去，便只有望你常常通信，並望你明年務囘來一次，我想總可補救一些我思念你之苦，不知你的意思究竟怎樣，我想我們總可以商量出一比較好的辦法，我無一點成見。古詩中有同心而離居，憂傷以中老，你不覺得難過嗎？

光妹，我總愛生出許多問題來煩擾你，你覺得這樣的男子難纏嗎？你可告訴我，但是我又想這些事也可以訓練你的思想使你更細密，你不要擔心，我只是替你自己打算，我最後總願犧牲我自己的意見的。請你說出你的一切吧。如果你顧念我、我顧念你，一切問題便永無決定之日了。我之一切話不過把我的心理告訴你而已。

有時我又幻想到如果你眞愛我到最深的地方，你可以有了我便有了一切，但是我又想我尚値不得你如此愛，我們的情感尚不能如此之深。我又常常覺對你之要求太多，我太奢求了，一定會使你反而不滿意我，至少使你感到不安。所以我又生出許多煩惱，我許多婉轉曲折的思想與情緒，不知你通通能體貼得到否？光妹我們現在可不可以把我們現在的關係告訴別人，則可減少許多麻煩，如最近又有一友要爲我介紹女友，此友曾寫信與我母親，我眞是不好應付，因爲此友是太關心我，他先問及我們的事之變化，不知道他如何知道的，其次便提出他所介之人，此人還是你此學校之先後同學呢。此人的相貌學問都還好，當然從介紹人看來我的學問名位也不錯，但是廷光妹，我首先便覺別人從世俗的條件來向我提婚姻，我便不喜歡，我始終相信眞正的愛情，首先是愛對方的精神人格，其次是愛對方對我的了解，愛對方對我的愛、對我的柔情，愛對方對我那點願與我永不相忘以我心爲心的一點意思，愛對方之願意犧牲其他一切來愛我的意思。一切世俗的條件算得什麼。如果一個人希望他體態更好一些，學問更好一些，名位更好一些，除了爲的拿來報答對方對我這番心，使對方更高興以外，還有什麼呢？但是廷光妹，我們有這樣的觀念，我們間有這樣的關係誰知道？所以如果不將我們之關係說出，我將用什麼理由拒絕他人。我從前說我不談婚姻，但是現在人都知道我不是絕對不談婚姻了，我的朋友並不會很輕易爲我介紹，而所介紹者卽是他們認爲最好的女子，他們不知道我已有我認爲最好的女子了。而你又不肯同人說我是你認爲最好的男子，而且不願我把你說出，我眞難以對付朋友們這番厚意，然而我又不願使你難爲，我如何辦呢？還有許多話我實在不好說，請你原諒我吧。

毅　上　一九四〇年十一月

一九四一年（重慶・成都）

第十八信

光妹：我以爲你一定還在嘔我的氣，一定要等我後來的信到了，你才復信，所以我得你此信是意外的收穫，我眞高興。光妹，我所謂調劑生活，你還不了解嗎？我用此字是不大好，你原諒我吧。光妹你此信雖發我氣，我卻不氣，你有氣儘管發，我只是望你不要藏在心裏，自己苦了自己就是了。我的生活我願意聽你的話，不過我要告訴你，你此二週不來信，我此二週便未去沐浴，我也是莫有興趣。光妹你怎知道我不需要你的信而不與我寫信呢？你爲什麼要冤枉人家，你如果以後不來信，我便永不去沐浴了。不錯我一向有好久不很望你的信，這是因爲你手痛時三四星期不與我信之結果，我那時很失望，後來我就索性不望了。所以如果我前一晌念你的心淡一點，也是你自己造出來的，我把罪過歸到你身上你不會討厭我吧。

算了吧舊賬不說了，我一定遵從你的話，我要多玩玩，我的痛苦只是莫有有趣的人玩。不過多多休息也是好的。光妹得你此信我很高興，因爲你說到你對於學問的興趣增濃了，而且你對於心理學的見解很正確，你又要問我如何學哲學，我眞喜歡你這樣。我以前尙不知你對心理學有如此之見解，你說心理學在研究mind or soul之表現，通過哲學心理以了解心靈不滅之本性，眞好極了。我覺得現代心理學由研究意識而研究行爲，只重生理心理學，以外表之實驗爲唯一之工具，否認內省，不注重高級精神現象根本要不得。實驗同心理之生理基礎的研究，只是初步工作，不是心理本身之研究。我在兩年前曾寫一長信與斯駿兄，即表示我對現代所謂行爲派的心理學之不滿意，我認爲他們是將人與禽獸平等看，太不注意人之眞正的內心了。眞正的內心必須要以自己之內省爲主，而且要歸到心靈之本體的概念才是。你有此心理學之深遠的目的之認識我眞高興。光妹我更愛你了，你知道嗎？還有我對於心理學我也有不少意見，因我也看了不少書，你不要以爲我是學哲學的而輕視我，我原來也是想學心理的。我現在要說我對於現代的講潛意識派心理學的見解，我對Freud Adler都不很贊成，Jung比較好，

Freud 以性來說明一切，Adler 以自表欲來說明一切，都太偏了，誠然此二者之好處不能否認，然而以之說明一切卻不對。我以爲除此二者外，人之愛眞產生科學哲學、愛美產生文學藝術、愛善產生道德、愛神產生宗教之活動與之平等重要。而且我認爲人類的愛情其實也不是性，那是一眞美善神加進去的混合體。關於這點我在人生之路一書中有所討論，將來可與你看看。

我認爲就全部說，人根本是一精神存在，身體只是精神的表現，人之飲食只是爲藉物力來表現精神活動，所以生理也隸屬於心理。若從哲學上講，根本無所謂生理與身體，只有精神之表現。身體只是精神的衣服，身體只是不自覺的精神凝成體，精神如氣，身體如水，譬如男女間吧，這話眞不好同你說，因爲我們間也有這種莫明其妙的關係，不過你只當客觀道理來看好了。

從外面看來似乎是身體發育生了什麼生理變化，所以彼此有需要，但這只是從外表看的，那只是一符號一象徵，（生理學家便只研究此符號象徵。）不是內質，內質只是精神，這只要我們反省自然知道。在愛情中之男女都知道他們所求的是與對方精神成一片，這是從內省所得的眞實。而生理學家從外面來解釋，那不過一解釋而已。事實是如何？只有親切的感觸才知道。所以男女間的愛情只是精神與精神要求合一。自然他有時會抱她，但他當時只是覺一精神衝動在內要抱着對方的精神，其相抱不過是一象徵而已。身體不過衣服，精神才是眞正的身體。（因爲身體卽精神之表現，所以身體也很重要，也當愛，所以我當注意我身體的健康。我望你寄一像與我，因那卽是你精神之表現，這亦不矛盾。不過要爲精神而愛身體才有高的價值。）而精神則只有內省才知道，如果生理學家他無內省，他縱然把千千萬萬的情侶身體拿來解剖，他能知道愛嗎？……這不過一例，其餘精神活動與身體關係都如此。所以研究精神研究心理，必靠內省，必靠內心的體驗、直覺、反觀，而這裏面讀文學書很要緊，因爲文學之描寫心理卽是最直接的描寫，所以要了解人類心理不能不學文學，藝術等——。至於組成體系則自然是需要，但這是第二步工作。在搜集材料方面，則除內省自己心理、觀察旁人心理以外，讀文學書就很要緊。

光妹我認爲讀書最重要的是身入其境，與書打成一片，陸象山所謂：不知是我讀書，或書讀我。完全分不開這才算讀書。

關於哲學你願問我，我很高興，我可以先同你說哲學是什麼，哲學原意是愛智，蘇格拉底自名爲愛智者，卽智慧的情人。lover of wisdom。眞正的哲學家卽追求智慧者。愛智慧者。學哲學不僅要用腦，且要用心 Heart。腦只是理智，心則含情感意志。智慧是情意與理智的結晶。科學重理智，文學藝術重情，道德政治重意。哲學家則須兼重三者而求最高之智，卽智慧。再拿情感中的愛去愛此智慧，所以哲學家稱爲智慧的情人。因爲哲學家是智慧的情人，所以要以情人的智慧去了解，這話柏拉圖早說過了。我不知道你曾否眞愛一男子，如果你眞愛他，你可反省你對他是何心境，如果你以此心境轉移來或兼用來對智慧，你便可以入哲學之門了。

哲學所求的智慧是什麼呢？約有兩方面：一是宇宙的智慧，一是人生的智慧，宇宙的智慧是要滲透宇宙本體洞觀宇宙本體。人生的智慧是要悟澈人生的意義價値與歸宿。這兩卻是分不開的，因人卽宇宙的中心。人一方面以其身體爲精神之表現，而成萬物中之一。另一方面其精神又包括着宇宙，所以人的心能想整個的宇宙，你的心不是什麼都可想嗎。所以人與宇宙之關係乃互相環抱的關係。一面人的身體爲萬物所環繞，萬物都能影響他，卽萬物環繞此身。另一方心又包萬物而抱住萬物。不過分開來研究，則人生論是一部。宇宙論是一部。而研究人心如何認識宇宙萬物包括萬物的卽是知識論。所以哲學分宇宙、人生、知識論三部。其實這三部是不可分的一體。

關於宇宙論的問題可以分兩部，一爲宇宙本體論，一爲宇宙構造論。本體論是要研究宇宙現象的本體，這裏面可分三問題：一是究竟有無本體？本體與現象關係如何？二本體是什麼？是心呢？物呢？或生命呢？三本體是一呢是多呢？如一則爲一元論，如多則爲多元論，如本體是心而有多心則爲多元唯心論，如只一心則爲唯心一元論。至於宇宙構造論，這裏大約有下數問題：一時空問題，什麼是時間？什麼是空間？時空與萬物關係如何？二物質與生命心之關係問題，三宇宙萬物之動是自由的呢？必然的呢？是否有目的呢？或無目的的呢？四宇宙有無主宰？有神呢？無神呢？一神呢？多神呢？神與世界關係如何呢？

其次人生論中大約有下數問題：一人在宇宙之地位問題，（人生意義），二人性問題，此點與心理學相關，但哲學研究人性要問人性之善惡等。三人生之價値問題如樂觀主義悲觀主義，四人生之理想問題，什麼是人生最高理想？五意志自由問題，人之意志是否自由？是否能達所懸之理想？六修養方法之問題，如何修養以達此理想？七人生之歸宿問題，卽人之命運與人靈魂之朽與不朽之問題。

其次知識論之問題，一知識之來源爲出自先天理性呢？後天經驗的呢？二知識之對象是客觀存在呢？或存在於主觀的呢？三知識之限度，人是能無所不知呢？或什麼都不能知呢？或有能知有不能知呢？四眞理的問題，什麼是眞理？眞理之標準是什麼？

大致哲學之問題範圍如此，你空了無妨想想你對這些問題如何解答，你可根據你自己的經驗與知識解答，你無妨說來告訴我，你也可以以你之直覺來解答，如果你自能先有一嘗試的解答，再來看古人的書，並請教他人，便容易受益了。

光妹哲學問題眞入了門，眞有趣，所以蘇格拉底有時一天站着不動，第二天別人來看他還站在那裏。所以西方的三十個大哲人，十五個以上都未結婚因爲他們已有智慧爲情人。你想如果哲學不可愛，何以會使人連婚都不結呢？

的確學哲學要以智慧的情人自居，學哲學要以整個宇宙人生爲愛情的對象。你如果愛一人你必需對他體貼溫存，所以學哲學便須對「宇宙人生」體貼溫存，這就是愛宇宙人生的智慧。你必須對於智慧迫切的表示親愛，然後智慧才愛你。你愈愛智慧，智慧愈愛你，最後你便與智慧擁抱爲一。你的生命與智慧互相滲透融化。最後你也分不出愛、與智慧、與你，此三者的分別，這是眞正的哲學精神。

光妹，我希望你學學哲學，希望你愛智慧，我決不嫉妒，因爲我也愛智慧。

你愛智慧我更愛你，我也希望你愛我而愛我所愛的智慧。光妹我告訴你愛有許多種，人應有多方面的愛，但是愛究竟是不可分的，不同的愛其實是一種愛。我愛你與愛智慧，其實只是一種愛。我過去因爲愛智慧，所以從不追求女子，我現在愛你的愛，卽是智慧與我間的愛情之移用。這兩種愛只有互相促進而無互相減少。所以我不嫉妬你愛智慧。而且你愛智慧，你當更了解我而更愛我。我也當因你愛智慧而更愛你。於是我們間之愛遂更深厚了。我的光妹，我愛的光妹，你說是不是？

毅　上　一九四一年四月

第十九信

光妹：你二十二日的信今日收到，我們學校七月半放假，我六月底或者七月初便要回家。以後恐事多無時與你寫長信了。所以今天與你一長信。

光妹關於你大哥的事你自然有不能釋懷之處，這是應當的，不過你只要知道許多沒有辦法的事，不能空着急，能放開胸懷就好了。譬如你大哥還是他自己不好，不能怪他人。然而我二妹她是很好，但她總無地方使她好好讀書，我又不能爲她物色一好夫壻，我才眞難過。但是我只有慢慢設法，而且我想我如果不能使二妹有伴侶，只要她能心安，她以後可以造學問也就好。這種事都是人間的悲劇無可奈何，還不是只有安命吧。

關於你讀書的事，我意是你一定要看古今之名著，我要你看的書你可以慢慢看，看書要心靜與著者之心打成一片才能入得深，有許多書是理境比自己高得太多，所以一時不生興趣，但只要能沉潛涵泳自然慢慢熟悉。現在一般學生眞是太浮動了，不能入細，這是一時風使然，所以除非是出類拔萃的人，不能昂頭天外去想許多深造的意境，了解深造的古人的心。不過你只要能向上，我想以後可以教你一些。可惜你不是我的學生，如果是的話，我想對你之益更多一些。因爲師生關係有更多的距離，有許多話要彼此有距離才能講得透闢，而且聽者才能領悟。光妹我想你可以相信我在有些方面可以當你的老師。我常常都覺我在進步，而且常有人受我的影響，我想將來只有使你多見一些人，你可以向他們領教，此外便讀他人的書，也可以以書爲師。總之我以爲人第一要胸襟廣大，氣象溫純，這非學養不能，人只是能反省自己錯誤而勉強去改尙不能培養出好的胸襟氣象。因爲改過是消極的，只是在善與惡之間抉擇，即表示自己還在一低的境界中。一定要積極的領略許多偉大的東西之意味與價值，在一種高的意境中生活着才對。所以人有時要超越到善惡是非之辨以上，這是經過善惡是非之辨的人才配說的話。所以如像中國莊子及魏晉人常要說一種無善惡無是非之境界，然而此境界正是至善至是。我覺你有道德意識，但是缺乏一種超現實的形而上的心靈，這種心靈是非常難得的，人須得有時有此種心靈，在此心靈中可以達到與天地同流的境界。我是不常有，然而偶爾有之。在此境界中，可以感到心與神通，自己之人格有至高無比之價值。這在中國古人中有許多人有，現在人中歐陽先生熊十力先生梁漱溟先生有之，其他亦有四五人有之。其餘則我不知，然以我所知則千人中難有一人，一般學者，都是具有知識的動物而已。

光妹，我想起了以後到了家，恐怕不會寫信談情愛了。我想最深的情愛不必談在口頭。光妹，我想如果抗戰平了，我們可以回到南京，那時我想好好的教書，可以對青年有些好影響，你也教點書。我相信此次戰事不勝則已，如勝卽民族復興之日，我們都當在此大時代中盡力，我想到二三年後，我已可以對社會自由發言，而且社會上人不致如過去之漠視我了。因為我現在已漸為人所知，那時我精神上可以暢快些。因為國家已戰勝了，我也可以作我所願作的事發生其應得的效果了。光妹我並不想在那時如何享受，因為人生還是以盡責開創宇宙生命為目的，不是以享受為目的。我覺得生活還是要簡單樸素，而且教育者更應如此。說到此想到你與我信說我襪子未穿上的事。其實是這樣的，是那天我到青木關教育部去，才換上那西服，許久莫有穿是與五弟穿了，那天穿起便領也未弄好，襪子也未扯上，其實我在此只穿過二天。因爲我教的學問是中國學問，而且我覺那西服頗好，學校員生都很苦，我還是樸素些好，同時也只有樸素之教員才爲人尊敬，學生才聽從。所以以後你要教書時，我還是主張樸素些，我希望你有更多的靈魂的美，有更濶大的胸襟，溫純的氣象，同有更美的丰度。丰度的美是最高的美，這是靈魂的美的表現於態度者。身體的美與年俱衰，只有丰度的美與年俱進。許多男子的白髮長髯，而年輕女子愛他，因其有丰度之美也。女子一般老了便毫無趣味，以一般女子都缺靈魂深度故也。身體之美天生的不足貴，只有由修養而來之丰度的美才足貴。一個人心靈愈深遠高卓，則其心靈之光輝所轉化成之丰度之美與年俱增。光妹你最近寄來的像我便覺丰度比以前更好一些。你可把昭明文選洛神賦讀讀也可知一些丰度之美。我望你修養更進步，一定更有美的丰度，人只要有美的丰度，則愈樸素愈好，因爲愈在物質上裝飾少，愈顯出心靈的光輝，這也是一相反相成的道理。光妹：我與你理想的未來生活是我們共同爲人類之文化努力，我們應當使我們自己爲青年之模範，我們一天應多多工作，這種理想你贊成嗎？光妹：你常覺我以男女之愛爲一種手段，其實我是主張人都應以男女之愛隸屬於更高之理想。如二人之間不只有男女之愛一種，其實其中還當有兄妹之愛、朋友之愛、師生之愛、同志之愛，與人與人間應有之相互之愛。至於通常所謂男女之愛，則動物亦有之，並無足貴，可貴的是隸屬於更高的理想，包括其他種種愛的男女之愛。然而這樣的男女之愛是神聖化了的，是經了洗禮的，這樣的男女之愛之表示，便成了共同在實現更高的理想的象徵。關於這一點一定要在觀念上弄清楚，然而一般人便弄不清楚。我認爲如果弄清楚了，則一切男女之間的行爲，便都成了自覺的行爲。

光妹，你論文題目由你自定，但是我意你如要作論文的話，也可以作教育哲學的題，藉此讀讀古書亦好。還有你寫字總是多別字，譬如一封信總有四五別字也太不當心，如跟着你寫成根着、股寫肢、度日如年寫渡日如年、設想寫成設向、疏忽寫成舒忽、明知故犯寫成明知固犯、含蓄寫成涵蓄、妨害寫成防害，這是我從你最近之信中指出的，這種地方你也要注意才對。此外你的毛筆字太壞，如要在社會上作事與人寫信是要不得的。我的字寫得不好，但是社會上的人可以不管我的字，而且我工整寫時也可寫好，同時我也想鈔鈔字，因字亦是一美術。只是我太忙，我望你有閒時把字鈔鈔。還有一點我那天想起的是你走路時的樣子不大方，這表示你有自卑情結，這一種情結要不得，這也是由你內心的不舒泰和暢之故，我也望你改改。我走路時太匆忙，生活上壞習慣很多，我也是要改的。如春風拂弱柳，細雨潤新苗便是舒泰和暢。我下期原想到成都，但是我前天到南開中學去玩，見其教員住宅甚好，我已向一人介紹二妹下期在此教書，如成功我便可將母親接來住。我想如二妹不成功，你以後畢業可請郭鳳鳴寫信與張伯苓介紹在南開教書，其校待遇薄但住宅舒服中大遠不如。重慶找房子太困難，所以我才想到成都。我還告訴你一不相干的事，即我之教員資格，前天一友來信說，教部學術審議會已正式審爲副教授，而且是自前年算起。依理到明年便滿三年，可以升爲正教授了。可惡的是中大以前我來時無副教授之名，去年發聘書時亦無此名義，後來有少數與當局接近的人疏通，當局就改了，我事先不知，所以應了聘，到了學校才知有例外。我於是向哲學系主任提抗議，但他去與學校交涉，學校當局說此時已遲了，我當時頗不高興。今年哲系全體同事又向學校當局抗議，才允下年改名義，我覺我受了很大的委屈，我之想走此是一因。但是學術審議會此次審查結果，許多學校聘爲教授副教授的都被教部駁了。（因自前年起，即外國回來者，亦一定要有博士學位與著作者才能任副教授，要副教授三年才能升正教授。）我的此資格應由前年即算起，所以我覺也出了一口氣。（因爲學術審議會是全國大學校長及名流組成的，我的著作是經數人審查的，其實審查者我亦看不起，不過總比中大當局高明些。）其實我並不計較名義，我在某一方面也原諒他們的苦衷，因爲此外比我資格早十年以上的還多呢，但是可惡的是有些例外。而且此種資格根本不足憑，我送審的著作都是我二十八歲以前作的，我的證明文件其中有一張主要的是我廿一歲時在川大教了二點鐘書的證明文件。如果眞要說我在上前年便當改爲正教授了，我想以後改正不致有問題，而且正副也無多大區別，因爲學校中除了校長，一切院長正副教授同可兼任，而且我根本看不起一般大學教授，只是我不經此階段說話無人信，即要罵人亦無資格，別的人總說我嫉妬或者誇大，所以我才計較一點名義，請你不要笑我好名。

光妹，我常有一種理想要爲社會人類作一點事，我十年來最苦的便是地位上太受壓迫，社會上一切的事全是留學生的世界，我眞起火。我又不是專爲自己，我自覺負了一大使命，所以我才不平。其實爲我一人計，我最喜歡的還是田園生活，誰願在世界上爭名奪利呢？我自己常想出名，是想我出名以後可以多對社會發一些言論，袪除一些學術文化上的錯誤。光妹我將來想當一教育家或文化運動家，我現是想更有一些社會地位，但是將來如遇與我理想衝突時，我隨時可以犧牲我之一切社會地位，這樣才可以見我理想之崇高，而爲天地留正氣。我希望你也能多少作點教育事業，而且能多方面幫助我。這樣我們才不虛生一世。

光妹，那天我從沙坪壩回來，看見一人手足面被人砍斷，我非常難過，同時想到在戰時不知有多少人如此，我覺哲學上的最高道理不昌明，人類不教好，世界終無和平。

光妹我望你以後先使自己胸襟意境提高大，而且要多少有點交際的能力，可以幫助我作一些文化事業，這不是要你附屬於我，這也就是你當盡的對社會之責任。好倦了再談。

毅　一九四一年六月二日

第廿信

光妹：六月二日信剛收到，我想到你家庭情形之複雜，我亦可以體會到你難過之心境，我想到人生總是有這樣多磨折，與令人悲哀的事，同時想到我自己的許多事，我一方同情你，一方同情人類的苦痛。我好久莫有落淚了，只是前天是我父親逝世十週年紀念日我哭了一場。今天又落了淚，我當然能體會到你對你父親的心境。

光妹，你要先回家一點也不怪你，自然我看到你說你不來渝，我很不高興，而且你說也許根本不到我家，我想到我母親望你一年，而且她早望我們結婚，今你不能去看她，我想到此當然很難過，不過我想我還是犧牲我自己吧。你要回家你便先回去。我可以到嘉定或你家來看你。不過光妹我覺得你有許多事是一時感情衝動，我有一種意見不知你以爲如何，我本無話不說之意寫在下面，這自然是我一方面的意見，我不過說說我的感想吧了。

我覺得你家中的問題，除非你二哥回來想法使你小母與你繼母分家，根本無法解決，你要想用人格去感化他們，我想不大可能，你出於愛護家庭的心，想回家去解決此問題，固然是應當的，但是這只是你的感情上如此想，實際上作不到的，而且你是女兒，在中國舊家庭中女兒的力量根本很小，所以這責任是你二哥們應負的，你只是空着急於事無補於己有害。我還是望你稍爲理智一點，不要只一任感情傷害自己身體才是。光妹：我現在還是要說我的意見，我覺得你如能先來重慶，與我一道回敍，你可少住幾天，我再送你回去到你家看看。你只要有到重慶的路費便够了，其他路費我可以負擔，因爲我下年便可稍裕一些，此點你可以告訴你父親。我的意思是如果你父親在病中或非你回家解決問題不可，你自當先回家。

在我望你來也不只是爲玩，我原來有好幾層意思，一層是我想告訴你一些治學的途徑，一些關於處世對人的道理，因爲我到底比你大一些，但這些都最好是我與你一人單獨在一處，或在回家的路上說來親切得多。自然玩是一層。我覺我們大家都是家庭責任太重，憂愁太多，這樣壽命都會短，如果玩玩使大家精神能放鬆一下，對彼此都有益。再其次是我家中有一些問題，如你與我一道回家，便不致於發生，這點我去年與你之信已說過。我意如你要來渝可將此意告訴你父親，卽我是過了房的，久不結婚那邊親族與我種種困難，如去年幾要與我打官司，若你與我一道回去，可以減少我不少困難。又我母親常常焦慮我們婚姻有變化，老年人多疑，我怕母親會又不相信你起來，你這次說要來的事我早告訴她了。

我說這些不過是我的意見，由你如何決定都可以，總之不要想着因拂我意而難過。人生的一切事，都是盡人事聽天命。你如不來，我也能善自寬解，不過我不能不把我之理由說出。人的行爲有時並不能用理由說服。你自己如要任感情也是應當的。因爲父女之愛是最可貴的感情。而且一般男女都常常忘了家庭，你能如此，正是我尊敬你的地方。

毅　一九四一年六月十三日

第廿一信

光妹：

許多事想起眞令人難過，我昨天還同你開玩笑，似乎不信你今天早上匆忙中我大聲催你上車，雖然你了解我，但是我現在想來都好似有無窮的疚心，光妹你知道嗎？

光，你的運氣眞不好，這兩天又遇着生理上的變化，你在車上一定很累，不知你可曾生病，此信到時你已到校，現在精神可好？光妹我對你一切都放心，我只不放心你的身體，你的身體還是不算好，在此乍暖還寒時候，你要爲你的愛好生將息。我以後一定使我生活有秩序些，愛整潔一些。使身體更好，望你也將對我唯一不放心的事放下心來。

關於學校的功課，望你也不必太認眞，只要可以及格就是了，我知道女生對於她的成績很重視，但其實亦大可不必，你有空時多看看文學及其他課外書籍，並多同朋友玩玩才是。

我們以後也許都比較幸福吧，那我們便當使他人都多有此幸福。光妹我希望你永不要忘了你的理想，並努力使之充實堅強，且求實現之道。我好多年已定我對人類文化應盡之責任，我想我以後，我不會弛緩我的努力。光妹：你知不知道我有時牽着你手時，一方還在提防自己成了陷溺於愛情中的人。因爲我覺得如果只愛你，全忘了其他的一切，那便是罪過。自然我此三月中把許多應作的事都停下了。但我自始是自覺的要如此。我相信我回重慶以後，定會更加緊我的工作。光，我知道你也是愛我的理想，也望我多作一些事，我將不負你對我最高卓的希望。

你到城固後不知可有什麼使你困苦的事發生，一切的事應以理直氣壯的態度出之，不要多所畏忌，某君如果眞好，你可以對他不生芥蒂，以大方自然之態度相待。其實人類根本是可憫的，對人的同情，應當愛敵如友，只是有時要提防人之存心叵測就是了。我大約數日後卽當返家，我定坐鹽船或乘車請你放心，我愛惜我自己，我當盡量使你不躭心。

卽候你好

毅

於成都送你回校日　一九四一年十月十六日

第廿二信

我的光妹：

今夜是十一月十六，一月前是你赴陝的臨別之夜。光妹時間創造一切，亦銷毀一切。我現在又是一人在柏溪與你作書了。你現在在幹什麼？也許在同朋友與高采烈的談話，也許在一人寂寞的讀書，也許亦憶起一月前是我們臨別之夜吧。光妹分別已一月了，這似水般的韶光送去了一月前似火般的熱情。光妹：你可曾記得那臨別之夜，在朦朧的天光下，我想到上車的時間快到了，便催你起來，你忙忙的整理行裝，急急的上車，我忘了在那臨別之際，在晨曦之前留下一深長的吻，這已成了永遠補救不了的事了。我現在拿着與你同照的像連接的吻了三次深長的吻。然而她是何等的冷淡，她默默的承受不發一聲。也許她是在沉醉，也許她是在享受，也許她是已化爲一精靈，把這些吻帶起來已飛渡那數千里的太空而送到你的唇邊，不知你可知道。光妹，我這一月來，雖然常常思念你，但不曾吻過你的像，我似乎太對不住你，而且這一月中我常常恨你怨你，我剛才還寫一信在表示怨恨你，但是我馬上又忘了那一切的一切，我又在懺悔。光妹，縱然我有時爲你而痛苦而怨你恨你，那決敵不過我愛你的心。那封信我不想交給你了。光妹，我現在放下筆來向你一吻，以表示歉意，你原諒你的愛嗎？

光妹，一月前的生活眞太令人回憶了，我們之間有共同的歡笑，也有共同的流淚，有相互的責備，亦有相互的懺悔，光妹：你可曾記得我們每當吵了哭了後，總有一次更熱烈的彼此之慰藉，這原是因爲眼淚使我們精神更純化，純化後的精神才有更深的愛的表示。然而在一切愛之表示中，我們中間仍保持一種距離，這些事都有一相反相成的道理。愛只有節制才能使愛流不致泛濫而枯竭，反積蓄成淵深的清潭，再昇華蒸發爲美麗的愛之霞彩，亦只有別離才能使愛流變得更長遠，將來聚滙時有更充實的水量。我們還是不要爲離別而悲哀吧。光妹昨夜我又夢見你，我希望今夜再有一同樣的好夢，別了，今夜夢中相見吧！望你有機會便與我照一像來。祝你快樂

你的　毅　一九四一年十一月十六日

第廿三信

光妹：

我十三日夜抵中大，因當夜無電燈便如入一古廟，十四日忙了一天會了些人，但無一人可談知心話，下午想去看五弟，但等車等了半日不得，昨日便乘船來柏溪到數月前所居之舊屋，一切書物都與數月前一般的放着，我覺數月前的我好似死了重來的，好似我的幽靈使我生恍如隔世之感，想起許多事使我生無窮的身世之悲，便痛哭一場。然而人間的悲哀哭有什麼用處，我到黃昏便一人去吃了一頓飯。分校簡直沒有什麼朋友，夜間到一青年同事處去玩，此人有青年熱情，同我談了許多其暑期的思想發現與愛情有關的故事，他極端的興奮鼓舞，他高興我來他可以向我傾吐他之一切，我看見他精力充實興趣濃厚的樣子，使我感傷我自己，已不是他那樣的青年，理障與情魔已將我生趣摧殘殆盡。我還有什麼資格與他們爲伍呢？我反而覺有一種精神上的壓迫，我是不能分潤他們的青春之力的人了。

光妹，近來我眞是非常的苦痛，自然我離開了你同母親、二妹他們是我苦痛之一。但是此外還有無數的內心痛苦。然而我最痛苦的是我之痛苦不能向你們說，因爲我不願使他人爲我痛苦。我又莫朋友我可以向他傾吐一切，我又有我的自尊不願意人對我表示假同情，所以一切痛苦便只有呑在心懷。光妹：我有時眞懷疑天爲什麼要生我，使我成這樣一個人，我一方面可以在理智上解決一切宇宙人生問題而無遺憾，另一方面在情緒上我竟一點問題都不能解決。光妹實際上我是一弱者。但是我又自認爲是強者。我常想安慰他人一切的痛苦，我不受一點安慰都可以，然而又偏常常希望有人能了解我一切而與我以安慰，我總是在矛盾中生活，這眞是最不好的事，我尤不願我的矛盾生活感染到別人，我有時眞想我就讓我自己把自己毀滅吧！不要使人受我不健全生活形態的影響。然而一切責任的觀念又不能允許我毀滅自己，而且我的哲學又是相信靈魂不死，如果死了一切都完了固然是好，要不然我還是要在三界流轉又怎樣得了呢？光妹：我一向反對唯物論哲學，其實如果唯物論是眞的我到很願意，如果我只是一物質，那便一切任隨環境的播弄，死卽四大皆空，那倒是再好莫有的事了。

光妹：你不要以爲我是在爲什麼特殊的事苦痛，我的苦痛全在我的內心，我是不能以理智克制情緒，同時我近來深感到我生命力的衰弱，我有時覺我似在黃昏道上的旅客，不知宿店在何處，我的苦痛全是精神的。我有時常幻想我寧肯自地獄中的刀山上踏過，不肯受這許多精神上的苦痛。光妹：我現在是渴求一個人或神他能指導我之一切解救我之一切，我願意把我生命交與他，然而誰能眞了解我之一切而又有能救我之能力呢？我不能再見孔子、耶穌、釋迦，我恐怕我自己是不能救我自己了。

光妹：我的苦痛根本在我把過去未來與現在分不清楚，想像與事實分不清楚，這其實是一種神經上的病我很了解。但是我自己不能治我這種病。我第二種苦痛是我愛兩種極端相反的人格的心態，一是非常豐富經過各種矛盾而綜合成完整體的人格心態，一是純潔樸素玉潔冰清的人格心態。我是近乎前一種，然而我企慕着後一種人。光妹我從前以爲你是後一種人，繼而知你不是，我望你是後一種人可以使我淨化，但我是失望，然而我又不知道你是否眞能成前一種人。不過我根本也莫有資格苛求於人。我有時眞想與你縱身入北冰洋，在冰天雪地中把我們的身心化爲瑩潔，然後再成爲新生命的人。然而那如何可能呢？我還有第三種苦痛是我的神性與人性的衝突，在我的神性一面我眞對於人類有無盡的悲憫，我可以原諒人之一切。但是神卻是普愛眾生，不能與任何人有特殊關係的，如果我要盡量發展我的神性，只能當一普泛人類愛者，一宇宙的情人。如果我要與任何人發生一種特殊的人的關係，那人性中的弱點便與我離不開。光妹我老實同你說，我近來想着人與人一切的關係都好似偶然。我有時登山臨水，我想着許多過去的事，便不禁悲從中來，我經過江上的沙灘、岸上的樹林，便覺過去的事如在目前。光妹：如果你現在在我身邊，我可以以當下的充實掩掉這一種重現過去心境的空虛，然而你又在天邊，所以我眞有難言的悲痛。

光妹：我相信我很了解人生，人生的一切事都有他必然的因素，命運主宰一切。人的一切行爲都是無可奈何。人類求眞善美與幸福，然而虛僞、醜惡、與苦痛永遠與眞善美幸福相織成一人生的羅網，人便在這網上生網上死。一切的人異地則皆然。如果造成你人格的一切條件與造成我人格的一切條件完全一樣，那我就是你、你就是我，所以不怨任何人，任何人也不當怨我。光妹：我愛你的人格，因爲我能了解你，我永不能忘的是你數次悲痛的哭泣，我對於你所加的言語的傷害已經太多了，在我的精神上我只有自責。我原諒我自己的地方太多，而原諒他人的地方太少。這是我永遠的罪過，我自己知道。只是天呀，我眞是難於抑制許多無端的煩惱之降臨。光妹：相信我莫有怪人的意思，我只是想着我神經上或者有病。

光妹我內心上眞不願寫這些話與你，但是我是看了你的日記使我又聯想到許多事。如果我可以不得你的允許，處置你的東西，我眞想毀滅這惱人心曲的東西，但是我又不能這樣做。但是我所感想之一切寫下來，一定又要使你不安難過。我愛現在的你，我不忍傷害一點你現在的心，因爲一年多以來，你對我是太傾心了。但是我又不能不把我的一切都告訴你。如果不告訴，我又如何對得着你，光妹相信我，我的話說完了投到你的心中，我的苦痛便減除了。請你不要難過吧，你近來可好。

你的
毅 上 一九四一年十一月十八日

第廿四信

光妹：

昨天寫了那信莫有交，今天又來寫幾句，光妹我近來眞是太痛苦了，無論什麼我都想痛哭，我時時對着悠悠蒼天、茫茫大地都禁不着落淚。光妹除了我愛你、思念你而難過外，我還不禁想着許多未來的事而傷心。我眞不忍心同你說使你難過，但是這些事向誰說呢？同家庭中人說，只有使他們更苦，同朋友說朋友誰能眞對我同情，我還是對你說吧。但是光妹我望你只當我一時之感想吧，我是不發洩不快，而且我不能對你有隱藏，這些話決不會妨及我對你的愛，你放心我然後敢說。

光妹：我莫有一點眞怨恨你的心，我的一切問題都在我之內部，我通通是自己苦惱我自己。光妹我老實同你說，我苦痛的不與他人相干，我是發覺我的幻影消失了。我從許多事中我近來對於人間的眞善美失去了信心，最初認爲是眞的，後來發現是虛僞、善美化爲醜惡。就拿我們的事來說吧，我從前因爲錯疑了你，使我生極大的懺悔，我以後對於你的信之一字一句是何等的寶愛同相信呀！你許多話都看來記得了，我覺得我無論如何不能再懷疑你說過的話了，我曾根據你之信而推斷一切決定一切。我記得其中第一信朋友看過，朋友便表示不相信，我立即斥那朋友之不對。但是天呀！這次我才知道其中含藏多少誑話。光妹我不怪你哄我、你有你的苦心。你有一次說，如你不那樣說，我便不願意，你是想補救過去於未來，你這段話我是深切的感動，你是出於愛我的動機而隱蔽一些眞實，我是原諒的。但是光妹你要知道我過去對你那些信是何等寶貴同相信啊！你這一說都把我過去對他們的寶愛與相信的心全摧毀了。雖然你後來什麼都向我說了，你說如不說，對我是不忠實是欺騙。尤其你在你日記中寫那許多懺悔的話，我只有原諒你，但是你要知道我這一種幻滅的悲哀是永遠不能補償了。光妹我在寂寞時從前常將你信拿來看，但是我現在都不敢看了，因爲我一看便只有增加我的苦痛，我愛你的信，而我又不敢看，這是何等的苦痛啊！

光妹：我現在才知道我追求眞實的心是一根本錯誤，我的一切智力枉用了，愛智慧有什麼用處，一切智慧之運用都得根據可信之材料，然而現在我發現我最相信的東西都不可信了。光妹我老實同你說，我眞想毀滅我自己不願再見你了。不過光妹當我想着你滿臉是淚的樣子時，我終於硬了一下心腸想想還是原諒一切的人吧。光妹：其實當時我幾全相信那些事實，我因爲怕你知道我相信，才故意表示我不相信，我是不願你因想我相信而更苦痛，我這一番當時的苦心同最深的難過，除了上帝有誰知道？光妹你記得我同你曾去禮佛，我看見大慈大悲的悲字，眞不禁使我悲從中來，我想他人悲自己、悲一切犯過失的眾生，我在佛前禮拜，我也叫你禮拜。我深深的祈禱，望大慈大悲的佛原諒我們寬赦我們吧，亦寬恕一切眾生吧。我自覺那時的心境是一至高無上的心境。但是光妹：人類那能常常保持那一種心境，在那一種心境中，我是忘掉了小我的愛情，而只有對於人類普泛的愛。如果我只有那一種對人類的普泛愛不再有小我的愛情，我可以忘掉一切。然而我們的關係始終是世間的愛情關係。當我們沉入這一種世間的愛情心理中時，我又怎能免掉我之痛心，然而我這種痛心卻只有永遠與我終生了。

我的光妹：這是我回想過去的事時所生的最深的苦痛，我苦痛的不只是這件事本身，而是我發現我所求的眞善美本身的幻滅。我寧願他人把我欺哄到死，我不願受這幻滅的苦惱。光妹：請你放心我，我絕對不會因爲要避免我的苦痛而使他人痛苦，我更不願再破壞一切關切我們的人們的信心，因爲他人已相信我們已好了。我不願使人信爲眞實的東西變爲虛幻，我願意一切的一切藏在心之深處，使人不要再在美善的東西上發現醜惡，我對於眞善美雖已幻滅，這一切幻滅的苦痛我個人擔當了吧。我再不忍心使人們多感一次幻滅的悲哀了。

光妹：我近來有時苦痛到無以自己時，我只有想世界上人們所受的苦痛的總量是相等，如果我多受點，他人便少受點，如果是如此我的心便安了。不然我眞是難於活下去了。光妹：我現在才知道我自己是最不幸的人，十多年來爲了家庭、爲了學問，我忘掉了一切人間幸福。我要求眞善美，然而最後它們仍然幻滅，然而我還留下一念不願他人再感幻滅的心，以致我的一切苦痛都不敢向任何人說，一齊藏在內心，只怕苦痛之蛇，會食盡我的心血，我會成爲廢人再不能作什麼了。

光妹：你近來怎樣好不好？你說你近來很傷心難過不知爲什麼？我這些話一定又會使你難受，請你不要難受吧。我絕對莫有怨恨你之意，你也不要自責。我了解你過去之一切，了解你家庭中失去母愛的滋養，了解你的遺傳，了解你過去所處之寂寞環境，了解你之心理不健康原因，在去年我們眞好以前，一切的事你並不對我負道德上的責任，因爲我們之間莫有絕對的傾心的表示。光妹，我雖然不算完人，但我平心靜氣時，還是能替人設身處地的想，我亦還有相當恕道，我的過失亦不會比人少，你還是放心吧。我的一切苦痛都在我的內心，我是自己感到自己的幻影之幻滅。我所信的眞善美幻滅了，但一切人之眞善美尙未幻滅。那永恒的世界中之眞善美未幻滅。這世界是太廣大了，我一人的幻影之幻滅又有什麼關係呢？

光妹：至於我們的過去關係之經一度變化，其實又算什麼，我們的生命在三界中輪廻，我們過去都有無量世，我與你之前生又不知各是誰的伴侶，從這裏想，一切兩性的操守都是相對的，我們還有未來無盡的輪廻，如果我們能有從今起的絕對的堅貞，那便可有無盡的合一之生命。我只是不知你近來又是如何想法？這無常的人生，一切都是縹緲無憑，我還是把一切都交付於造化，由他如何安排，便如何安排吧！

你的

毅兄　一九四一年十一月十九日於不明的燈光下

第廿五信

廷光小姐：

我亦謝謝你十五日的信，不然我亦要怨你了。我先同你說，我在家中與你的信，是因爲郵局一星期多不能掛號才未交，你怪不着我，我莫想到你有意外，因爲我愛你的心不容我向不好的方面去想，這一種解釋不知對不對？廷光小姐：你何以在路上都不與我寫一點信呢？我在家中望你的信之苦你那裏知道一點。廷光小姐：如果你眞愛我，你路上會一點都不想着與我寫信嗎？好，算了吧。我老實說我這幾天才眞望你的信望苦了，我天天親自去看信，我想我打與你之電你早收到，還不來信眞是一奇蹟。今天我看了信回來仍不見你信，我只有決心不想你的信了，連你都不想了吧。我睡在床上，我只幻想我在上帝的懷裏，因爲他有無盡的愛來溫撫我。不過最後我還是睡不着。起來隨便作了事，不料工友送了你的信來，原是自沙坪壩轉來，所以遲了幾天，這簡直是我意外的收穫。我平生的事都是山窮水盡才柳暗花明，這也是一個例子。

光妹：得你的信我很高興你的傷已漸好了，最高興的是你信中一方面充滿愉快的情調，使我亦感染着一種生命的再生。光妹這四十多日來，尤其是這半月以來我眞是苦痛悲哀極了。我一天雖是在看書，但是那無生命無血肉的抽象理論眞使我有點厭倦，因爲我的生命耗廢其中太多了。我近來深感到寂寞之苦。一般同事我無一人談得來，有時偶有點青年學生來到，還可以使人鼓舞一點興趣，但是師生間總有距離。我雖然不以師自居，而他們總不能與我自然的談話。光妹：我近來又感到一個人當了先生，無形中受多少拘束，自己也不知不覺要老氣起來，別人也如此看我，那裏知道我的內心是寧肯當他們的朋友，而不願當先生呢。光妹：某君對你不生麻煩，你對他亦無所謂，很好。不過光妹：我仍然有點不放心，我覺你這人太好、太重感情，還是易爲人所欺害。因爲我想起他同你寫那些信，如果那些是眞的，他一定不能放鬆你，如果是假的，那人便是一陰謀多的人，你當小心才是。

光妹，關於你那同學信宗教一段話，我覺得大體還眞誠，自然用自然界之創造者的說法來證明上帝之存在是不算好，我還是贊成耶穌「天國在你心裏，上帝在你心裏」的話。上帝卽是人之精神本體、心之本體，其發出之呼聲卽人之良心的命令，人之精神理想。人接觸上帝只能由求眞求善求美之途徑去。上帝是統一是和諧是圓滿，眞是求統一，美是求和諧，善是求圓滿。（其實眞美善皆求統一和諧圓滿，今不過姑且如此說）。一個人的人格莫有矛盾，前後一貫，能統一和諧，表現各方面的圓滿，他卽是上帝之一種化身。每一人之內心均通於上帝，所以愛一人愛到最深，亦可以透視他心中的上帝的存在。總之上帝不能外求，當求之於內。外在的自然界也可以說是上帝之表現，因爲自然界是人之心之所對，人智慧之光之所覆，亦是人活動的場所。人實現精神理想所憑藉的工具。關於這些道理一時說不盡，你能想想這些問題很好，不過你想想就睡了，你到底還是一小姐。

關於上帝存在的論據有幾種說法，你可以試想一想，一是說上帝是完全的東西，完全的東西包含一切性質，所以存在這一種性質必包含，所以上帝存在。二我們世間上所見眞善美都是相對的、部份的，相對必依賴絕對，部份必依賴全體，所以定有那絕對全體的眞善美之自身，那就是上帝。三一切東西都有一目的，生物之生長，礦物之變化，也有其趨向，所以可說有目的。那麼整個的宇宙也有一最高目的，那卽宇宙之歸宿，亦使當前宇宙動的動力，那卽是上帝。我隨便寫幾項，你試想想對不對。

我前幾天把續愛的教育看了，我把它寄給你，我覺其中許多話很好，你可翻些來看。

關於某小姐的事我很關心，不知後來怎樣，望你多多勸慰她。愛情上的事可以使人如在天堂，亦可使人如在地獄，天堂地獄常只差一線，在天堂地獄之間升跌幾次，一個人的生命常就此就完了，這眞是最重要而又最可怕的人生問題。一個人如果自己有點幸福，便當使人多一點幸福，我近來偶看一些關於婚姻問題的書，使我驚訝現代文明中此問題之嚴重，我覺得這是一社會問題，同時是一教育問題、心理問題、生理問題、道德問題，以致與宗教亦有關係。如果我有工夫，我眞想對此問題用一番心想一比較最好的人類婚姻問題解決的方案，或許對人們多少有益吧。

光妹，我近來心緒是不好，我仍然勉強看了許多書，但是常常有對於抽象理論的厭倦感。我現在是希望我的實際生活能好一些幸福一些，使我生命力健旺起來，也許可以爲人類文化多少盡一點責任。光妹我望你扶助我勉勵我。光妹你現在的課一定很忙，你有暇時看其他的書否？我望你多看看文學哲學方面的書，你看那些書時忘掉我鄙棄我都可以。光妹，我有一種人生理想，是人在每一種生活中，都能沉下他全部的靈魂，又能自由的把自己之全部靈魂由一種生活中拖出來放到另一種生活中去，這一種愈能自己控制自己的人，他生命之擺之幅度愈大，他愈能吮吸每一種生活之價值與意義，而使各種生活之價值意義互相滲透，於是每一種生活都增加其豐富之度、深厚之度。

毅　上　一九四一年十一月

第廿六信

光妹：

昨天與你一信收到否？你的傷怎樣？好莫有？光妹我近來理智全失去了控制情感的能力，現在我還未開始上課，因二年級同學選的課要下月十日才開始上，我看書也看不起勁，因爲在學問上我似乎一切問題都已有了答案，已莫有從前那樣迫切求知的興趣了。光妹，我現在才知道理智上我雖然能解決一切，然而在情緒上我是一點把自己都無法。我不知近來如何這樣思念你，一刻也不能去懷。自昨天得了你信以後，我作了一極可怕的夢，似乎是落到地獄裏，從極長的梯忽然跌入無盡的深坑，有寒風刺骨，總跳不出去，眞是非常可怕，醒來猶在戰慄，不知是否你跌下車的反映。今天起來天是下着細雨，處處是一陰森悽慘的景象，我一上午東混西混不能作一件事，又莫有人談話。下午我躺在椅上，眞有說不出的悲哀，我很想不教書馬上回家去，或到你那裏看看你。光妹我現在已走到人生路上最危險的時期，我對於知識失去了信心，對於社會的名位失去了信心，我天天看報、看世界的戰雲不知何時可以散開，我又對於人類前途失去了信心。佛與上帝是如此之遙遠，我不能親切的接觸她們，雖然在理論上我可以證明他們之存在，我不能直接感受他們的力量，我對他們也失去信心。光妹：我眞不了解我自己何以會如此之陷溺於情感中，我從前笑他人，我莫有料到我自己竟會如此。光妹：我好多年最珍貴的是我的著作，但是我近來雖天天翻來看，竟引不起我一點興趣，我覺得好像一點價值都莫有。光妹我現在感到這一切的一切都是空虛空虛，只有人間的愛才是唯一的眞實。這話我從前鄙棄過，但是我現在重新又說，我實有無盡深遠的感觸，只有人間的愛才是唯一的眞實呵。但是我現在在此離開了一切的愛，我眞恐怕我不能再生活下去，我覺我近來心理恐怕有點變態，我的心時常思前想後，常常恐怖，有許多疑慮。我不知你近來是否會同情他人，我有時想像着許多過去與未來的事，我幾乎要瘋狂，我想毀滅我自己。光妹我相信你對我之傾心、對我之眞誠的愛，你爲表示你的眞誠流了多少次的眼淚，我親切的回憶起來，我決不該東想西想。但是光妹你原諒我，原諒我的情緒常常不自主的動盪。似乎你不在我身邊好似已不屬於我一般。光妹這是由於一種感到當下的空虛所投射出的心影，造成這種種的恐怖，你原諒我吧。

光妹我們現在相距數千里，明年尚不知能會面否，我仍渴望明年能會面，不然眞是受不了。我有什麼方法可以飛渡這虛空來見你呢？我現在唯一的希望是你多與我寫信，二天一封、三天一封可以否？我只要看見你的字跡，我精神上也可獲莫大之安慰了。唉！你爲什麼還沒有信來呢？

光妹，我在莫有人愛我時，我那很長的寂寞時間都度過去，莫有感受什麼煩惱。然而有了你的愛後，眞是使我難於忍受這當前的寂寞。如果你不愛我了，我也許可以死心踏地作我其他的事。然而這如何可能呢？光妹，你也定感到寂寞，你會不會因感寂寞而求他人之慰藉呢？也許你忘了我，我可以忘了你來作一點事，然而這又不是我之所眞願。然則我怎麼辦？我如何能安定我的心來作事啊？光妹我眞是到了一精神上的最大的危機了。你救救我吧。即祝你好

你的

毅　一九四一年十一月廿日

光妹，我又記起了，今天還是二月前我同你由你家同赴成都去的日子，那天不是還下着濛濛的細雨嗎？你記得那天下午你先坐小車子，我在路上走的事嗎？那天我們先吵了一架你才上車。但是這一切的一切都過去了。我何日再能同你吵架呢？光妹每一吵架的事，在當其時我們彼此都是很氣不高興，然而別後回憶起來，這一種氣亦是可望而不可得了。這一種氣也太令人留戀了。光妹你覺得嗎？別後的回憶中，任何一點一滴的事都成了無上珍貴的至寶。唉！這令人難忘的往事。

我那論婚姻之道一書，不知你可能找着人鈔否？我知你是太忙了，你定不要鈔。不知可否出一點錢請人鈔，最好用英文簿兩面鈔。因爲香港有一友辦一生生月刊要我的文章，我想寄去發表。

光妹我的身體他們都說好多了。我對身體很愛護，我莫有摧殘身體的事，就是我思念你，也只是在情緒上難過而已，我想不會傷及身體吧，望你吃好點，不要作事太多了。

毅

又及　一九四一年十一月廿日

第廿七信

光妹：

我今天得了你的信，一方難過傷心的是使你受苦，另一方難過傷心的是覺你還是不能了解我體貼到我之心境。然最主要的是我想着人間世總不免有許多誤會，我自己如離開我自己之地位超出來看，就設想是神來看吧，在神的心中明明是知道你之愛我與我之愛你的這件事。因爲各人有各人的環境，各人有各人的想法，於是偶然間便會衝突起來。從神看起來在漢水之濱有一女孩，離開了家，失去了母親，在那兒讀書。在霧籠罩着的重慶有一男孩，在寂寞的環境中，終日勞苦。其實他們都是可憫的。他們之間縱然有苛求吧，也是不得不已的，縱然有過失吧，也是他們之習慣造成的。我一如此離開我自己來設想，便好似對我們都有無盡的同情。神看起來一定會想，如果能讓他們在一塊兒，則一切問題自然就莫有了。因爲不相聚，所以才生出許多懷疑的幻想，才有一些苛求於對方來補償他們之離別之苦。光妹：我們還是佔在神的地位來想我們之一切吧。如此我們便可把我們都原恕了。

光妹，我現在更了解你了，你說你這七天的思念我之苦，我更了解你愛我之眞切。你所解釋的對某人的心理我已全了解了。我不願你受人欺太懦弱。我覺你太寬大而受一時的好意所騙。我是不忍。我憤氣的是想你還以爲我是嫉妬我覺得最不快。因爲我只是不願你被人欺，這一種心理不知你知道否？這不是欲望的問題，這一點你千萬要了解呵。這一種觀念是深一層的，請你千萬不要忽略呵。無論如何這一點我是要堅持的。

光妹我知道你並不懦弱，因爲你能反抗我。光妹其實這一點我是高興的，你奇怪嗎？我根本就喜歡人有自尊，你記得前年是你發氣而對你好嗎？

毅　一九四一年十一月廿二日夜

第廿八信

光妹：

又四五天不得你的信了，你近來的病可好完了，眞是要三個月才能好完嗎？你近來生活怎樣？你傷後流血太多，你應當吃好點。

光妹，我近來的生活，仍然是非常苦痛，因爲此地太寂寞了。而且許多世俗的事使我煩惱。尤其是我近來想到我自己的身世時，時有無限感傷。光妹從一般人的觀點來看，我有好的家庭，在社會也不算如何倒霉，又有如此愛我之你，我應當算是幸福之人了。但是光妹你要知道苦樂純是主觀的，愈是有理想的人苦痛也許愈多。而且我在外表雖似乎比別人好，然而我反省我過去之一切，總是使我痛定思痛。這十年來因爲父親的早逝，我負擔着家庭之責任。我努力的造學問，想對人類文化有一點貢獻。我幾乎可以說是忘掉了我個人之一切打算。我只希望家庭中人快樂一些，人們更幸福一些。我望蓮花開得紅紅的，蓮蓬長得大大的，荷葉長得團團的，我自己就比如蓮心，縱然苦點也不要緊。但是我一天只是工作工作，我漸漸覺到我生命力之空乏，似乎已走到生命的晚境。這兩年來我才感到只有責任、只有工作，會使自己生命衰弱到根本不能工作，不能盡什麼責。我覺到我需要享受點人間的幸福，來培補我的生命力。然而我這兩年事更多更忙，在經常轟炸之下的重慶，我莫有朋友莫有家在此，因爲物價之高一切衣食之物質享受當然說不上。莫有任何一種娛樂。暑假回家便忙家庭中對外的事。只有今年暑假同你一道回去，後來又同你住許多日子，這可算是平生最幸福的二三月了。這二三月的時間不過我一生之百分之一的時間，然而光妹你又走了，我仍然回到這寂寞的城市，過我最孤獨的生活。我每天除了看報與得信的時候，是我最靜心及高興的時候外，除此便只有看書，然而我的書看得太多了，眞令我心醉的書一天一天的少，我無事只有一人去轉山坳田坎，草地上我可以靜坐，墓碑旁我可以凝思，然而在這當兒也最易使我思念到我與你過去同游之一切，我一時可以沉到過去的生活中使我忘了我現在的孤寂。然而幻想的境界是何等容易消失呵。而且，光妹，我老實告訴你，我近來心理上恐怕有病，我每當回想到我們過去之一切歡樂時，我有時望見那遠遠的山頭，我便似乎看見你坐在那兒，然而旁邊的不是我而是他人，此外一切我都如此想。光妹我知道我如此想是錯的，我也不是不原諒你的過去之小過失，也不是不相信你的現在，然而我不知什麼緣故我總是容易這樣聯想。光妹我相信你的對你過失的懺悔，我所愛的也在你之懺悔，你所流的懺悔之淚，我尤其是感動不忘。我相信你對我之傾心，是他人對他所愛不能有的傾心。我還有什麼不滿足呢？只是我的光妹呀！我恐怕我心理上有病，我覺過去使我傷心，未來也是渺茫。現在我也不知你究竟是怎樣？我常會墮入這一種空虛的心境中。我有信心我知道，但是我記得我的信心曾受一次打擊，而且在這暑假後我又覺到我的信心又幻滅了，我似乎不相信自己，我覺得我過去是太把一切理想化了。光妹這一切的問題都是我自己造的問題，我總是造許多東西來苦惱我自己。我今夜獨自望月又使我聯想許多，我自己想想我的身世眞有無限悲涼，我有什麼呢？我得着什麼呢？我明明有的我自己也要以爲莫有。在許多年來我常想我到世間來，只是爲世間作事，我什麼都不要，我赤條條的來也赤條條的去，我吃宇宙的飯我便作點工作來報答宇宙。我有取於宇宙我也把我自己貢獻給宇宙。這本來是最高卓的人生態度。然而因爲我生命力日衰。我感此態度之難於維持，我希望有所享受，然而我不能享受任何東西，所以我眞是悲哀。我想着也許在數百年以後，我的書如得流傳人間，別人一定以爲我是怎樣生活豐富的人，那裏知道我一世只在淒凉寂寞煩惱苦痛中過活呢？光妹：我今夜望月，看見無邊的大宇，充滿着淸光，我自己看見我之瘦影落在草地上，眞使我十分同情我自己。光妹我的問題是他人所不能解決的，心理上的病只有自己能醫。而且我更不願告訴你引起你之難過。不過光妹，這一切的一切你是不負責任的。你對我莫有罪，我決無一絲兒怨你，我只希望我的苦痛有人能了解，只要有人了解同情就够了。然而除了你我又能將這些話向誰說呢？光妹：我希望你了解我同情我，但是你一定要忘了你自己是誰，而純以客觀的精神把我當作一不相干的人，你才可眞對我有同情。光妹你能够如此嗎？光妹請你千萬不要不高興我一時的感觸，我寫寫就算了。即祝你好。

你的

毅

一九四一年十二月五日

第廿九信

光妹：

五天前我寄與你的那三封信，我寄了後又失悔，我想定會使你難過不高興，不過請你原諒我，我是不能不把我之一切感想告訴你。光妹：我雖然常常會怨你，但是我希望得你信的心卻是更急迫，我幾天望你的信不來。我是何等難過，昨天得了你二十五日的信，我連看了五六次，當我沉入你的信中所表示之愛時，我又一切都忘了。

光妹：請你原諒我，我之所以對於你之過去有時似不諒解，其實正是因爲我覺你好太愛你之故。因爲我覺你好，所以望你更好，望你十全十美。我們對於一切的東西，總是望他更好，一完美的東西之些微缺憾，比一普通東西之有缺憾更是使人苦痛。還有我之愛你，不僅是愛你現在，而且是愛之過去未來之全部生命，我愛理想甚於愛現實。如果我如一般人之只求現在的滿足，便不當想過去與未來，但是我不能如此。我愛你全部生命，所以要希望你過去未來之一切事，無一點不足使我醉心。所以我想着你過去之對不住我，好似不能原諒，我這一種心理不知你了解否？

不過光妹：過去的事是已成的事無法改變了，而且過去的錯只要眞改去便可謂不存在，這道理我深知道。只是我又想過去可有的事未來也可以有，除非一個人能澈底否認他過去生命史，重新造過，求得一精神的再生，但是你能不能如此我又不知道，所以我便常爲苦痛襲擊。光妹：關於我之一切苦痛，我正在追求一解決的辦法使我安心，我望你也替我治治我之心理病。

光妹：關於我這心理病，我暫時不想他吧。我還是來讀你這充滿熱愛的信吧。光妹：你信我又讀了一次，我覺在你熱情之流中，我便可融化一切的煩惱。但是你的信是何等的短啊。我望你多與我寫信，我如能常得你之信，我便可安心了。

光妹：我有時覺愛情如海水，使人愈飲愈渴，只有不斷的呑海水才能不渴吧。

光妹：我在江津所寫的那信所問的問題，你爲何全未答復，你再看我那信，我不是問你表兄鄒君如何回信嗎，他究竟回信莫有？你可不可以再寫信問他。二妹寒假多半要到此地來，如果願意會會面，我可介紹他們會面。此事未先與二妹說，成不成莫有關係，請他放心。你可說我是希望好的男女結成婚姻，全是一無私的意思。我知此事之重大，並不是要生拉活扯撮合他們。你可向他說我是確覺他好，所以不怕失此自尊心。而且我相信鄒君也知此道理。此事你不在回信中提到我眞氣你。我覺你只是寫許多表示愛我的話，似只求你個人愛情之滿足，而對他人之婚姻不求努力促成，你太自私了。的確你不回答我此問題是太忽略，這要不得。你到應對這些事懺悔，至於你從前對我發脾氣的事，到不算什麼大錯。

光妹：我還有許多話同你說，改日再談吧，卽祝你好，並望你馬上回信告訴我鄒君的事，我想此事多半不成。

毅　一九四一年十二月十日

第卅信

光妹：

我現在完全自一月多以來的苦痛中解放出來了。我告訴你，我昨夜作了的一個偉大的夢，愛：請你不要再替我躭憂了。

我昨夜作的夢，前一半是很可怕，我夢見我在一嚴冬的廣原上行走，四野都是衰艸，一望無際，天上瀰漫着陰雲，四野不見一個人，我踽踽的獨行着，我望着那黯淡的長空，我想飛上去，但是我不知天梯在何處，天路亦不可得，我似有無盡的悲傷，忽然我的足自地上昇起，一直便踏上層層的陰雲，我正在高興，不料天上飛下無數的冰雹，雷電自四方向我射擊，我覺我身體已化爲火灰，向太空四散。我找不着我身之所在，但我覺我仍在不斷的上騰，好似一蒸氣之上升，漸漸透過層層的陰雲，我忽然落到一地方，俯看地都是白玉砌成，萬星燦爛在太空，十個明月佈在天上，儼爲白晝之光明，然而莫有一點白晝之炎熱，淸風吹來，又暖和，又淸涼，我看見多少亭臺樓閣，都是水晶作成，到處都是奇花異草，嘉樹茂林，樹上之鳥，唱着人間最美的歌，高入雲霄，我慢慢的走過一道橋，便遠遠的看見前面一廣場，有許多靑年男女在那裏整着隊列，他們都很沉靜莊嚴的立着，我聽着他們亦在唱歌，唱的是宇宙之讚美詩，我於是走向前去，忽然那廣場不見了，化爲一巍峨雄壯金碧輝煌的廟宇，我走向廟宇去，聞着廟中事神的香煙，令人感着非常靜穆安謐。我走進廟宇一看，卻不見一個神，我一直走到大殿，似乎有點像我們那次同游的二仙庵，忽然從門後出來一仙風道骨的老人，他的鬚眉盡白，目中露出非常慈祥柔和的光，他似乎與我極相熟，他喚一聲君毅你來了？我聽着他充滿着慈愛同情而高興的聲音，我忽然淌下淚來，不覺跪下了，因爲我忽然覺得他就是我所求的眞美善化成的肉身，當我跪下時，我忽然想到我的身體在經過烏雲時，一身已打濕弄污，覺到自己非常慚愧，不配到此神聖的地方來。但是我剛跪下，我卻發見我身上之衣服完全換了，我穿的衣似乎是彩霞織成，我的手好似變成美的玉石斲成，我覺得我似乎通體透明，莫有一點人間的汚穢，我起來覺得非常驚訝。那老人忽然執着我的手，將要說談，但是當他將說未說時，我忽然發現我同他已不是在廟宇，而是在一春天的郊原中，他於是舉起手指着自然說道：

好孩子，你看一切的草木，春來要發芽，換上新的衣裳，你看鳥獸要換毛，蛇要脫皮，整個的大地都穿上新袍。一切宇宙的東西，都能更新他自己。每一刹那的宇宙，其實都是新的宇宙，宇宙是永遠在那兒日新又日新，何況人呢？你不要奇怪你汚穢的衣裳會忽然換去，這原是宇宙的則律，孩子，人不能如草木之年年發芽、鳥獸之換毛、蛇之脫皮，但是人有更偉大的能力，卽人能不斷的求其精神之再生，離開舊自我而造成一嶄新的自我。孩子，生命是一條無盡的長流，永遠向前開創發展，生命的意義在由現在到未來，不在回想過去，過去的事已過去便不復再來。你過去有苦痛與罪過，我知道，但是那一切的一切已過去了。孩子，你看河中的波，前波滲融到後波，前波便消滅了。只有那不斷向前流的波，才是眞實。你應當築一生命的防線，把過去截斷，不要再讓過去來擾亂你的現在與未來。你生命的流不要逆流，你看那逆流的水，造成洄水沱，會造成多少掀天的波浪，打壞多少的船隻。孩子，你生命的流，要向前流，你的一切過失，只要誠心誠意的改悔，便如那流偏向一邊的波，再重歸正道，那便不是不正的波了。

他歇一歇氣又說，孩子，我知道這一月多以來，是太苦痛了。你對於眞善美曾一度失去信心，但是眞善美是永遠存在的。你看這自然便永遠是眞實無妄，充滿着美。自然養育一切生命，這便是自然的仁慈。孩子，世界是太廣大了，人類未來的歷史是太悠久了。你一個人一時對於眞善美的失望，何足以毀壞那滲貫在世界內部的無窮廣大的眞善美之力量，那力量永遠主宰着世界，人類理想的社會會有一天化爲眞善美的社會的。你不要太把你個人一時的失望過分的誇大來說。而且，孩子，你因爲對於眞善美之失望而苦痛，這同時卽證明你還在要求眞善美，眞善美還在你的內心，眞善美是永不會離開你的。

我聽了他的話，我從前了解的許多道理都好似獲得新的意義，在我心中湧現出來了。他繼續又說，孩子，你看這世界是何等的廣，大地無所不容，一切好的壞的，他都融納，而且一切壞的都可化爲好，你看那糞土化爲靑靑的麥稻，遍野的花艸，污塘中的水蒸發成美麗的雲霞，動物之廢料的炭氣，滋養着一切植物的生命，植物多餘的不要的養氣，又滋養着動物。這世界一切臭腐都可化爲神奇，無用都可化爲有用，這世界上莫有絕對壞的東西。

他又說，孩子，你看植物的刀傷處，以後會長更厚的皮，人身害了傷寒病以後，會自然長出防毒素。人犯了錯誤，知道錯誤，錯誤便不會再犯了。莫有害傷寒病的人，永遠有害傷寒病的可能，莫有犯某種錯誤的人，永有犯那錯誤的可能，只有犯錯誤而改更的人，才能絕對避免錯誤，所以有過而改正者，才是眞正的幸運者。孩子，錯誤可以成爲正確的基礎，醜可以化爲美，你看最醜的東西經了藝術家的手，不是可以作成一極好的藝術品嗎？而且，醜可以增加美，你看不美的痣，在美人身上不是更美嗎？惡可以化爲善，你看古今多少偉大的人物，如歌德、托爾斯泰、甘地，不是少年都曾犯大惡嗎？人犯了罪惡，他便更恨罪惡，這恨罪惡的心，便成更促進他爲善的動力。孩子，宇宙間的東西，永遠是可以相轉變的，生命是一條流，他順遂的流，固然是好，但是他經了阻礙，受了其他力量的牽引，可以使生命的流更顯得有力，而且使生命內容更豐富。你看，那錢塘江的潮水之變幻莫測的花紋，每年引起千千萬萬的人去觀潮，那潮水的花紋正是由於江水受其他吸引力，阻礙其自然之流行而生的啊。

孩子，你看這自然界一切東西，都在把他們貢獻給別的東西。這自然的美，我們之所以能感覺，卽是他們把他們之美貢獻給我們。自然界一切東西互相影響，互相傳播其力量，卽是互相施與其力量。人最可貴的是他的愛，愛卽是施與，施與你所有的與他人，但是，孩子，你施人以衣食，施人以財物，施人以名譽，施人以知識，都不算最大的施與，最大的施與是施與人以原諒，原諒英文是for-give，卽是施與之意。原諒使人心靈得着安謐，使人忘掉他自己之過失，亦卽使人超越其過失，使人把他自己轉化成無過失的人。他人的過失是存在的，但是你眞誠的原諒，可以使他不存在。這是你對人最大的施與，你原諒他人的過去吧，也眞誠的改悔自己之過失，而原諒過去那可憐的自己吧，你與他人便都成爲聖潔了。

孩子，你有慧根，你有性靈，你有對於人類之責任感，你有許多事要做，你再不要讓苦痛來銷毀你的生命力了，你應該愛惜自己多爲人類作一點事。

孩子，我知道你愛你的光妹，正因爲你愈愛她，覺得她好，所以對於她過去之一點瑕疵，更覺是一憾事。因爲一個東西愈好，你必愈望他完滿無缺。我很了解你之心理，但是你只要了解我剛才同你說之一切話，你便不當再怨她了。你要知道，她之愛你，也許比你愛她還深，因爲她常想她曾對不住你，你恐怕她之意志薄弱，未來對你怎樣不可知，但是你對於你從前接近的女子都能忘去不留痕，怎知她不能呢？你只以爲你能有堅貞之美德，以爲他人便不能有，這是你的自私處，孩子，你還是相信她吧。

光妹，這夢太奇怪了，一切的話我都記得清清楚楚，而且以下的話也記得非常清楚，他說：

你不要不放心她之一切，她正在懺悔她過去之一切，你知道，你最近交與他之三信是使她何等的難過。她只是自責，覺她是使你苦痛的負責者，她也與你一樣有慧根有性靈，她時時都在想把她自己之人格，化爲更仁厚、更豐富、更可愛，對於你更能體貼與溫存，更能扶助你，她的缺點只在缺乏毅力，有時作事不免拖泥帶水，不爽快，其次是不免於拘謹，多憂慮、不洒脫、不活潑大方，但是我現在已同她的靈魂說，向她表示希望，望她以後之人格化爲如玉之瑩、冰之清、雪之白，如行雲之自在，如流水之舒泰，她正在勉力的改造她自己，她一定可使她成爲比你更可愛的人。

光妹，他把這些話說完了，他於是引我走上一條寬廣的玉石砌成之路，那路逶迤的上一高山，我忽然便同他到了山頂，看見滿天的朝霞，鋪成五顏六色的雲海，一望宇宙，如錦繡織成。忽然，山不見了，原來我同他都立在重重錦繡的雲中。我們步着雲走，忽然雲中又現出一座宮殿，用碧綠之琉璃築成。我同他進去，見着一屋陳列希臘的彫刻，一屋陳列中國之古畫古字，一屋陳列古今聖哲大偉人的像片，一屋擺很多書架，都是世間第一流的著作，印刷得非常精緻，一屋有多少蒲團，四方有佛祖的神龕，屋後是圍繞一池塘滿是水仙花，我們走進裝圖書那室，我忽然發見一奇怪的事，在那書架的中間，有一書桌，書桌旁邊坐一女子，正倚窗凝視窗外池中的水仙花，我們的足步聲驚動那女子，她回頭來看我們，她很驚喜的突然立起，喊一聲「毅哥，原來才是你」。我不禁狂喜，回頭見老人不在了，我抱着你深深的一吻後，才細細的看你，原來你已變得更美麗可愛，也穿着彩霞作成的衣，頭髮披到兩肩，然而在熱情的流露中，你卻非常端莊沉靜，又似不可侵犯的樣子。同時莫有一點憂鬱拘束的表情，我看你桌上的書，都是世界上第一流的作品，等一會，那老人進來，於是引我們到那佛堂，要我們雙雙跪下道，你們應當感謝神力，使你們今天會見，你們的人格都已超化，你們是眞正再生了。從今後，你們要澈底改去你們之過失，對於一切過失，要割草除根。他說完話便不見了，我們起來，想起我們之小別，因許多對不住對方的事，不覺又抱着痛哭一場。但是，哭完後如雨過天青，內心非常的晴朗，於是我們一道出去，經度池塘邊的小路過去，便是一大森林，有一點像我們在眉州你鄉間之某家墳園，不過大得多，我們攜着手向着林木走進，忽然又見一空地，四圍都是參天大柏，中間原是一遍開野花的墳墓。我們走上去看那碑上寫的是毅光之墓四個大字，我們非常驚訝，才知道我們是眞死了而再生。我們走近碑一細看，忽聞墓中有一男子聲音說：「天明了，愛，起來吧。」我們再看那裏有墳墓，我們才是同立在精美的寢室之穿衣鏡旁，我們自己照見我們再生的自己，在穿衣鏡中，我們見我們之桌有一大月餅，上面繪一老人的像，與我們所見之老人一模一樣，我們知道這是那老人送的，因爲旁邊有字條說：「我慶賀你們的再生。所以依我之形貌，繪在此月餅上，你們現在也許餓了，你們可以分來吃，你們以後一切心理行爲，便都可符合於眞美善了。」我們將月餅眞彼此分來吃了，我們見我們之牀乃是碧玉作成，我們正想休息，見月光射在牀上，我們先去將窗推開，讓明月進來，但我們剛將窗一推，我們發現我們之屋，原來在一平靜的池中，四圍都是水仙花，原來我們是已回到那宮殿後的池中之一屋了。但是突然我們又覺我們之屋已化爲一船，順着池水流去，出了池口，便是一大江，一望無際，但水波不興，船自在的流着。我們見水中有許多星光在閃爍，我們忽然明白這卽是星河，我們見天上有十個月亮，四圍都是水與星月之光，互相浸潤，分不淸是水是光，我們漸漸發現船四週都是蓮葉，荷花映着星月之光，分外紅潤可愛。我這時發現你所穿之衣服，如蓮葉之碧綠，你面與荷花同樣鮮明。我忽伸手把天上之星摘去數十，一連便成一鍊，我帶在你頸上，又取了兩個明月，從你手中穿過，成爲臂環。宇宙的光輝沐浴我們之全身，這時我見你長髮靜靜的垂在兩肩，帶着恬愉的微笑，依在我之旁。你態度非常安祥、從容、端莊與高貴。此時宇宙靜穆，無一點聲息，我們共同欣賞著船邊的荷花，我忽然把你抱着道：「愛，你看那荷花都生自污泥，然而她們一出污泥，便纖塵不染，永遠鮮麗，這比喻我們之修養，可以改變我們之一切。現在我們經了宇宙光輝的沐浴，已通體透明，我們已超凡入聖了。現在你成仙女，我成了仙童，我們忘去過去之一切吧，我使你苦痛，我對不住你，你的心在那裏，我來先吻你的心。」你說「現在我感到我的心無所不在，我的全身都爲我心光所透明，愛，由你吻那裏吧。」於是我們都流了感激之淚，滴在荷花上，我們感激這無盡美麗的自然，這神聖莊嚴的宇宙，感激使我們到此地來的老人，我們彼此感激對方最深的愛，我們抱着注視彼此的目中，都有一泓清水，足以淨化彼此之靈魂。我們將淚揩乾，同誦着古人的詩。「……玉界瓊田三萬頃，著我扁舟一葉，素月分輝，明河共影，表裏俱澄澈，悠然心會，妙處難與君說。」又誦着：「冰肌玉骨自清涼無汗，水殿風來暗香滿，繡簾開一點，明月窺人人未寢，欹枕釵橫鬢亂……。起來攜素手，庭戶無聲，時見疏星度河漢，試問夜如何？夜已三更……。」我們正在讀詩，忘了一切時，我讀詩的聲音把自己自夢中驚醒，我發現我仍一人睡在牀上，然而夢境卻是記得非常清楚。我很奇怪此夢爲何這樣有秩序條理，我平生從不曾作如此偉大而有意義之夢，我趕快起來，把它照樣寫下，絲毫不曾增添。愛：眞太奇怪了，我覺得這夢是神的啟示，這夢指示着我們互相勉勵的方向，告訴我們只要能不斷求精神的上升，離開人間的污濁，我們便可使我們之靈魂化爲美麗與聖潔，成爲一嶄新的人格。愛，我們的人格可以下降，亦可以上升，我們可以入地獄，也可以上天堂，人應當以理想來規範他自己，人可以自己改造自己，這是人性之無比的尊嚴，人本性的好不足貴，只有自己重新建造的完滿的人格才足貴。人必需自己造他自己的命運，我這一月多來的苦痛是覺我什麼都莫有而到一絕對的空虛，但是從絕對的空虛中，我感到我可以將一切都重新造起來，那無量大的空間，什麼都莫有，然而正因其一無所有，所以能無所不有。愛：自今後我眞不怪你過去之一切，我只希望你自今日立志發心，使你成爲一如精金美玉玉潔氷清的人格，不要讓一粒塵埃來污染自己，遠離那些污濁的人們，而超擧於世俗之上。愛，我現在也要勉勵我自己，我們互相勉勵，不要孤負這神的啟示與期望吧。即祝你好。

這封信所記之夢是太好了，我還描狀不出來。望你多看幾次，並多用些想像力，把一切境象與道理融化在心中，常常記起，一定對於你有價值。

你的　**毅**　兄　一九四一年十二月十四日

第卅一信

光妹：

我昨日得着你十八日信，我是非常高興，不知我那封記夢的長信你收到否，那不全是眞夢，許多是我白日的夢，那夢中所聽見的話，不是很多與你向我說的相同嗎？光妹：我眞怕你因爲看了我那三封信難過而不能自解，我怕記夢的信你收不到，我想不會吧，只要你收到，我想你現在一定不會再爲我難過了。

光妹，我感謝你並不曾得了我那三信而責備我，我眞對不住你，總是常常說話來氣你，光妹：我同你說，我這一生根本就莫有在任何人面前這樣要說什麼就說什麼，我無論在什麼地方都是以理智壓住我情感避免傷害他人，所以我常常紆結憂鬱，只有在你面前我才放肆，我在你面前幾乎一切事都是任情感，我願我之情感在你心身中自在的流，所以我什麼氣話都同你說，我總直覺着你是能原諒我，而最後你也總不怪我。光妹：我覺你好似一河道，兩岸有無際的沙灘，我之情感之流無論如何流，你總是容納得下，我眞是感謝上帝與我一個這樣的你。

光妹：不錯我是相信相反相成的道理，你說宇宙之眞善美保持一常數的話眞是對，不過我正因相信此理，所以才決定把那三信交與你，因爲我相信你雖然一時不高興，然而你最後總可以更高興。我相信你得了我那記夢的信後，你一定有更多的發現，對於你的生活未來有更深的信心。你在你此信中不亦是說我那三信使你更努力於你未來之新生活嗎？同時我得了你之回信我也更高興，我更發現你之好，所以我們此事仍然無損失呵，光妹你說對不對？

光妹，你說你之向我暴露不誠的動機，我是了解的，那當然是你之偉大處，我的確是容易陷於一時的情感使生命的流逆流，因想着一點過去的事而聯想許多，這是我之心理不健康，你原諒我吧。

光妹：我現在來反省我之寫那三信的原因，根本是在我們分開了，我覺得目前的空虛，於是一切都空虛。其次是因爲我問你關於你與某人的關係究竟到了什麼程度，你雖然什麼都告訴我，但我見你說話時有吞吞吐吐的地方，使我聯想到你定有不坦白之處，因而使我聯想到其他之一切。我現在分析起來這二者是我寫那三信的心理背景。我現在同你說吧，我說這些不是要你答復，我現在絕對不願再以這類的問題來引起你之難過，我想過去的事便讓他過去，知道了亦無好處，我無論如何是不能不愛你的了。我現在只是解釋我之心理，使你更了解我而已。

光妹：我現在唯一認爲重要的事，就是我那記夢的話，所以我們要求一精神的再生，我望我們彼此交相勉勵，使我們以後成爲絕對符合眞善美的標準之人，此外一切都是不重要的了。

光妹：你說人是一小宇宙，宇宙間的事，我們本身都具備，一切不幸的事不過適逢我們遇着而已。這話表示你有哲學的智慧，我很愛你常從這些地方設想。光妹把你的話變一變，我們便可說，人是一小宇宙，宇宙間一切眞善美的價值，我們本身也具備，所以只要我們從今起努力去實現他，便可使我們成一完美的人，你說對嗎？

光妹，我決莫有不愛你之意思，我前信是怕你不放心，所以說我無論如何也不能破壞他人對我們之信心，這是就最後的防線來說。其實我根本不會到此最後的防線，因爲我無論如何也不會突出你對我之愛，及我對你之愛之重圍了。這點我本不須解釋，因爲那話不過是偶然的感想。我寫下後交了信，一直便想着難過，我想你會說氣話，然而你仍然莫有說，而且你望我有什麼絕對的自由。光妹：你太愛我了，我眞是難過得很，如果你在面前，我眞會哭來懺悔。

光妹：我已離開你七十日了，我昨天又重新看見你，光妹你的像片很好，並不像曾受傷的樣子，光妹：我看見你的圍巾，想到我前說與你買一圍巾竟未買的事，因爲莫有錢而且不好寄，你原諒我吧。光妹我看見你的像想到我的愛在這七十日中，受了身體的傷，又受了精神的傷：我向她深深的吻，她只是默然無聲的承受，如果我們還有一年半才再會，還有七個七十日，眞是難度這一年半的時光啊。

我們的課都上齊了，我今年想好好教一下書，二妹的事你這樣寫很好，我很感謝你。即祝你快樂

你的 **毅** 一九四一年十二月廿八日

光妹我覺得你寫信太體貼我了，你有什麼不高興我的地方，你還是盡量的說吧，我不會怪你的。光妹我們之間應當盡量發洩自己之情緒，只有盡量發洩後而彼此能容受，還相諒解相安慰，這才是最理想的男女之愛，才能使彼此生命融爲一體。

毅 又及

一九四二年（重慶）

第卅二信

光妹：

今天算來是你陰曆生日，昨日我想起，便作了幾首詩，今天上午又作了幾首，共成十九首，比你年歲少六數，都是記我們過去之事者。一首記一事，是擇最值得紀念者來作的。——其實最值得紀念的不止此，不過我只寫這許多，我想每首的事你都記得，你可細細讀讀，（不過一面也要站在客觀地位看，你看那幾首好些。）回憶起相連之一切，由重慶到瀘州、到敍府、嘉定、眉州、成都、新都都有，你看看要得要不得，你說那幾首好些？又昨天有人送我梅花，今寄兩朵與你，是別人拿來時，我馬上便想到贈你的。不過恐怕到時都乾了。今日得你廿一日的信，很高興。關於一切，請你不要難過。我那記夢的信，都可解釋了。又你此信中說我們都投到宇宙之懷，則我們距離可縮短一些，很有哲學意味。其實，我們還可以說眞投到宇宙之懷我們便無距離，因宇宙只有一個，是唯一無二的，如你能看看禮記很好，可將樂記、表記，孔子閒居，仲尼燕居，哀公問，經解，學記，儒行幾篇先看，朝話很好可以多看看，即祝你好。

一九四二年一月三日

舊游雜憶（月之二日，憶與廷光同游雜事，率成七絕十首，次日復成九首，辭雖鄙俚，無當大雅，然亦能紀實，因書以寄之。）

重慶

嘉樹葱籠青木關，茅棚細雨避飛鳶，飢腸轆轆真無計，粗黍調羹味亦甘。

瀘州

微雲掩月憶瀘州，芳徑來回幾度游，偎倚石欄情脈脈，嫦娥同證結綢繆。

鴛鴦石

鴛鴦石畔步鴛鴦，人影沙灘較短長，共道莫忘沙上影，沙灘人去影茫茫。船泊江心共倚舷，月光如水水如天，輕霧紗籠天水際，原來天上即人間。

宜賓

疏桐掛月影姍姍，曲徑逶迤上假山，行到蔭濃月光隱，還將電炬照君顏。逸園邱壑柏溪勝，流瀑落石爭喧豗，靜聽瀑流君枕我，嵐光四面拂羅衣。

嘉定

嘉定稽留幾渡江，凌雲寺去即陳莊，千尋石壁臨湍急，携手危崖立莽蒼。

臨江旅舍夜闌珊，笑語燈前興正酣，記得深宵施薄粉，簪花特地為郎看。

眉州

蕭疏白蓼滿汀洲，沙岸參差接遠流，底事相看如醉酒，人歸月上柳梢頭。

蒼蒼松柏上干雲，孤女歸來拜母墳，含淚碑前稟阿母，兒今有伴結同心。

新都

丹桂千株傍古塘，秋深搖落褪華粧，早來半月花應茂，一路芬芳共粉香。碧野如茵望月華，情深無奈臂交加，嫦娥遠見莫相妒，宇宙原來是一家。

成都

屬望深時責望殷，幾回賭氣濕羅巾，呢呢爾汝增親愛，今古人間兒女情。君歸城固我渝州，漢水巴江日夜流，萬里滔滔同入海，與君會影東海頭。淡淡銀河隔牛女，人間天上共離憂，但願恩情若金石，同心何必共衾裯。

卅一年一月三日

你常常唱李淸照鳳凰臺上憶吹簫一詞，今夜我照其韻塡一詞，你看看，只是作得不好。

五日夜

淡淡銀河，碧空無際，又是新月當頭，嘆既圓還缺，依舊如鉤。共賞清光誰伴？甚情懷？緩步歸休。低頭念，人生如寄，數十春秋。休休！好雲易散，好花不常開，好夢難留。記前宵夢裏，人會泰樓。萬種別懷難訴，鎮相看無語雙眸，還驚醒，殘燈帶恨，翠被增愁。

懷所思　此二詩得句於數日前今寄你以當書信

其一

猶憶容城會，倉卒訂盟約。心心未深印，慚愧身相屬。謠諑生間疑，知淺致翻覆。幸賴各多情，友誼願永續。自責恕他人，淒迷吐心曲。互望有新歡，自願長寂寞。精誠交感赴，皆悔負前約。疑去信益深，致一情日篤。藕斷復相連，藕絲乃外束。絲絲外相繞，孔孔內相入。佳人懷內美，蘭芷在幽谷。游目過郊原，昔我所未矚。今茲交已深，清風來馨馥。柔情何深婉，坦易復貞淑。高志忘軒冕，雙棲慕林壑。愛我天資秀，愛我胸懷卓。濟世賴賢哲，望我成其學。念我遭世艱，念我體氣弱。如彼幽蘭花，失溉將零落。願以血和淚，溉我成其學。舊知復新知，樂兮樂莫樂。長嘆生別離，相思寄天末。天末何所有？白雲紆漢漢。何日重相見，淚共樽前落。

其二

所思在何處？迢迢望天末。劍閣何崔巍，萬里飛難越！素書寄頻頻，書來字字讀。筆顫想天寒，腕冷誰溫握？字密識情柔，芳心如可掬。掬之不盈手，愛之不忍覆。置書懷胸前，披窗望明月。皎如瑤臺鏡，應照顏如玉。不見鏡中人，大宇何寥濶。寥濶兮大宇，清光兮遍入。萬里兮遙隔，清光兮同覆。清光滿我庭，清光滿我屋。清光兮在牀，清光兮在褥。太初即有光，愛如光所育。光處即吾愛，良夜忘孤獨。歡會來夢中，私心向神祝。

第卅三信

光妹：

你二十九日與四日的信均於這兩天收到了，由四號的信知你近來爲許多事躭憂，不知你二哥近有信否，你可否託其他河北的同學探問其消息，我想你二哥是宗教徒，不會遭什麼意外，你還是放心吧。光妹我眞對不住你，你身世的確比我苦多了，我平常其實何嘗莫有想到，我想我應當使你快樂、高興一些，這是我的責任，但是我不知爲什麼又常常說話來氣你，你還是原諒我吧，我想你近來之不高興，我那次與你之三信定是一潛意識中之原因，不過我以後與你之數信你細細看看，便知我對你是無一點怨意了。光妹：其實那三信我是不想交與你的，不過我想交與你後，我再寫信與你，可以使你更有精神的深度。本來我在交那信時，我已經想出反對我那三信中的情緒的道理之一部，這些道理便結晶在我那記夢的信中。光妹你要知道我這個人什麼事一過去便算了，我有時寫文章常是要把握一時的情緒，把它客觀化，因爲一客觀化我便離開它而到更高一層的境界中，所以我把那信交了，我立刻便生長出那記夢一信中的思想。其實那何嘗是我的夢，我不過覺那些思想是更高的思想，所以託於神的口中來說出，一切都是我的想像所構成，你當眞以爲是夢便錯了。其實神不是神，卽是我自己的更深更高的自我，我們可以說任何人除他表面的我外，都有更深更高的我，那卽是神。所以一切人內心都有神，神也卽在人之內心。光妹人之更深更高的我，是一不朽的實體，是一絕對完滿至眞至善至美的存在。我們通常的我，只是外表的我而已。關於這些道理一時不能說完。總之我是要你放心我，不要以爲我眞是永在那樣苦痛的心境中。我寄那些信給你，的確有一部份正是在便於以後再寫信與你，促進你自新向上的動機呢。

光妹：我有時誠然常常悲觀煩惱，近來有許多其他的事，尤引起我之不高興，但是我始終有一脫出悲觀煩惱的能力。悲觀煩惱是不能維持他自己的一種心態，因爲悲觀煩惱是一種不安，不安的本身便含一種矛盾，凡是自己矛盾的東西都不能長久存在，所以不安的心理本身也不能長久存在，悲觀煩惱不能解決任何問題，一件事你爲之悲觀煩惱，那件事還是那件事，你的悲觀煩惱是枉然，而且世間一切的不幸，自形而上的眼光來看，都是可以在永恆的世界中化除的，所以總可以看淡它。過去的過失只要我們精神眞離開它，把它潛在心中的種子斷絕得乾淨，便等於不存在，只怕我們不能眞斷絕其在心中之種子而已。這些是我根本的信念，我只是在離開這些信念而爲魔鬼所擾亂時，才會悲觀煩惱，那只是一時的情感衝動，在我恢復我的理境時，一切都莫有了。關於這許多道理以後再同你說。我今天下午要到沙坪壩上課，我還莫有好好的預備課，因得你信，見你不高興，故寫此信，以後再談。

毅　一九四二年一月十四日

第卅四信

光妹：

你廿八日及三日之信均是今天得到，你說你已十天未得我信了，算算我的信還有五六天你才能收到，我眞着急難過，使你受許多苦痛，不過你現在無論如何已收到我的信了，不知你近況怎樣，非常繫念。

我那樣久未與你信，根本原因是那幾天太忙，我眞是忙得吃飯睡覺均未安靜過，這幾天的情形又是那樣，不過今天下午已將所作事告一段落，所以可以與你寫較長的信。光妹我發覺我近來精神又陷溺在學問中去了，一切陷溺都不對，對學問陷溺也不對，我不知怎樣近來總是想一問題便想幾天，什麼事都忘了，我想根本上還是莫有其他消遣莫有人同玩之故。我或者是因爲在此寂寞的生活無處安放，精神才這樣癡迷在學問中，這樣用心過度，當然也不對，我以後決定鬆懈一點，請你放心吧。

光妹，你說男子在有了女子後，與女子有了男子後，彼此態度大不相同，你的話誠然也對，但的確男子所要想負的責任比女子要多些，這是自然的道理。不過這不是男子從此便忘了女子，而是要從他之盡更多的責任來報答女子對他之愛。而且我認為人都當以盡責任為人生根本觀念。男女之愛一方是一種享受，一方卽是一責任，如無相互負責任之觀念，這種愛也不能成眞正高貴的愛的，不知你以為如何？

光妹：你之愛我，我是知道的，只是我有時覺你太愛我了，而對於你自己之愛反而不够，我所謂你應有的對你自己之愛，是培養你自己成一尊貴的人格。我覺你似乎有了我便對其他一切都不重視，如學問及一切修養都可有可無，這我對於一般女子是如此感覺，所以便覺你也是如此不知是否？本來縱然如此，正是女子對男子之愛的深厚之處，許多男子也覺女子這樣對他，他便感到無上的滿足，我也未始不如此。但是我覺得若從責任的觀念出發，則我只望你如此對我，我便對不住你，我應該在人格上學問上勉勵你向上，才算我對你的深愛，所以我希望你更愛你自己，在性靈胸襟人格學問修養上，更好好的培養你自己。所以我半月前與你之信，內有希望你能暫時忘了我，不要想我，只想你自己，只愛你自己，而力求培養你自己成一尊貴的人格啊。

此外還有一點是我前信所表示之不高興你之處，並非我不與你寫信之原因，請你千萬要了解，這不過因爲我恰巧太忙，二者偶合，我在那半月中母親信亦未寫，恐你神經過敏，所以再申明一句。

毅 上 一九四二年

第卅五信

光妹：

又幾日未得你信了，我與你二信收到否，我近來亦常念你許多好處而思念你，人與人間有了永久的關係，就使人生一種永久無限的意識，此意識投映於情感中，遂成一永久無限的感情了。

母親與我們一信附上，母親一生都太勞苦，爲家庭犧牲。但是她認爲她應如此，所以其所望於你者亦是成一偉大的母性。她此信許多話說早了，也許使你覺不舒服，其實女子自然到後來是會愛她的丈夫及兒女的，這是不須教的，不過她老人家的話我知道全是從她內心說出的。她並不是望你對她怎樣，因爲她素無享他人福之念頭，她不過望我們以後家庭圓滿而已，我得信後念其苦心哭了一場，今寄與你，即祝你好。

毅　一九四二年一月廿四日

光妹，剛才寫了此信，我便出去玩了一陣，太陽晒得人懶洋洋地，滿地有許多野花，上面有蜻蜓飛過，我便去捉蜻蜓，忽然間我好似回到二十年前在小學中讀書時偶然出去玩的心境，光妹：有人說天才便是時時能恢復童年心境的人，我確偶能恢復童年心境，你能夠麼？那天一朋友來看我教書，他說我總有點小孩子聲音大概亦不錯。我想小孩子的心境有幾點特徵：一是能忽然忘了過去之一切，純粹沉沒在現在，二是對於極簡單的事發生濃厚的興趣，因他能將全生命向一點事貫注，三是莫有未來的憂慮，所以小孩子與宇宙本體最接近。人能常有小孩子的心境，便可以不要學哲學了。

光妹：人要回復小孩子的心境，第一是要少憂慮，第二是要從容，我太忙太不從容了，眞是不對。

毅　又及

第卅六信

光妹：

你四月一號及四號的信都收到了，我近來因忙，所以前與你二信都才數字，最近得你兩信，知你不生我的氣，並知紹安兄嗜好已戒，知你近來很高興，所以我得你信後也非常愉快。今天下午我帶了你四號的信到柏溪後面山上去跑了三四小時，我到一大廟中，進門便見滿地黃葉寂靜異常，只有二小孩在那裏爬黃葉。在廟中坐一會，又到一溪邊石上坐了許久，未見有一人。我一方面想：我昨日所想的一哲學問題，一方面看看你的信。光妹四處是如此之靜穆，在靜穆中我讀你充滿熱情的信，我是如何的幸福。這使我聯想到我們同至眉山時，我們同躺在蘆花壩上的情境，你靜靜的依在我身旁……光妹：如果你現在在我面前，我不知又要同你談些什麼作些什麼？前幾天我進城一趟，我想同朋友去看電影，但是我怕憶起我與你看電影之一切情形，所以未去，回到沙坪壩卻又逢學校在演長空萬里，回到柏溪，又在放演此片，我只在路旁遠處樹下坐着看了一看，我又憶起我們在成都看電影之情節，是在春熙路附近之一影院，我記得電影一點也不好，我們坐在後排，天氣又熱，我們買了些西紅柿上來吃，似乎是那天因為我在一店中拋下紙，你還說我呢。光妹你記得嗎？我們幾次看電影，夜深雇車走過那長街，出城到旅館的情景也是最值得回憶者之一，到了旅館洗了臉便睡了，你總是把茶壺放在床邊，怕我夜間要吃茶，我們在那裏同住了幾一月，我們夜間仍然各不相犯，但是這反覺有無窮的意味。我希望我們結了婚後仍然這樣，你說好麼？

光妹：我望你不要太思念我，你如何又為思念我而哭呢？我不願你哭，我望你常常高興帶着微笑。你的態度有時太嚴肅了，我有一種偏見，我覺得男子應嚴肅鄭重點，女子應在端莊中帶着笑容，這偏見也許莫有道理，但是我望你如此。光妹你還是多高興些吧。

光妹，你說你以後一定不向我發脾氣了，這種地方可以不必勉強，光妹你有脾氣你儘管發吧，我不會多你的心的。我前次是想到我對不住你，使你多夜睡不着，這是我的不應該，你的脾氣是該發的。我現在想起你那夜那樣氣我，想到深夜還是原諒我，第二天你又批上一段你還是難過。光：你那夜想些什麼呢？你一定是非常難過，但是最後仍然不能忘我，所以才原諒我。光：我想到這些地方便覺很感動。光妹：我從你對我之一切，使我覺得女子對於男子之愛，的確有許多地方比男子對女子更深厚些。女子用在她所愛的男子身上的心，比男子用在女子身上的心確更多些。這恐怕有一部份是男女性本有不同，有一部份是男子的社會責任要多些。但是我想男子多作些事，多有一些學問上社會上的成就，也正是女子所想的。一般女子不都是最怕他的男子無出息嗎？所以我想男子對於女子的愛最大的報答，也許就在他的學問上、社會上的成就。我這樣想我不知女子的心理，你說對不對？不過你不要誤會到我愛你是不如你之愛我，我不願承認。我不過自覺有些地方不如你之深厚，然而我愈感你愛我之深厚，我也愈愛你，我覺女子這種地方是可貴的。因此我覺到我從前責備你之太愛我是不對的。而且我覺得有許多女子只一心一意愛男子，忘了她自己的學問事業上之成就，一方已正表示一偉大的犧牲精神，她這樣便鼓勵了男子，使他更多成就。但她盡了力而不居其功。

毅

一九四二年四月

後序

謝廷光

在婚前我與先夫的信，全未帶出來，自然現已不存在了。先夫為此常責怪我，我亦以此為憾。今當先夫逝世三週年紀念之期，集印他婚前給我的信，我就寫一封書信給他以當後序，聊表我思念之心情，及遺失書信的罪過。以慰我夫在天之靈。

毅兄：記得那是四十三年前，一九三八年的事，我在大學讀書。就在那年的五月的某日，忽然收到你的來信，我心裏很是驚怕，雖然父兄事前曾向我提過我們的婚事，但我想到你品格的高，學問的好，你已在大學教書，我什麼都不懂，心中出現一種配不上你的感覺，所以一直不敢與你回信。但我向來佩服你，尊敬你，或者這是天意，注定我將有幸福的婚姻，於是我就鼓起勇氣與你回信。因爲我是你朋友的妹妹，你比我大，我就以兄妹的稱呼開始與你通信。可惜自開始至我們成都見面，那中間的信幾乎全部散佚了，幸而你給我的第一封信還存在。散佚的信不可得了，亦不知那段時間我們究竟談過些什麼。同年暑假，我們成都見面，時間不短，你與我講的話很多，方面亦廣，但我總是怕羞不敢講話，連看也不敢多看你。因我轉學西北聯大，暑假完時，就離開你赴城固讀書去了。不過我們曾在成都山野上有過口頭的心許。如今想來，那時我們並無深的了解，只不過我佩服你，你覺得我本質尚好，大家就順着家庭的意思建立了婚姻關係，其實這婚姻關係是來得太快了。

自去城固後，初初我們書信很多，但彼此了解不够，加以我的文筆很差，書信不能表達我全部的意思，漸漸大家有了隔閡，我感到你對我莫有信心，常探測我，同時覺得你對我迫切的要求和希望，我不一定作得到，所以那怕是你的善意，反而成了我精神的壓力。你常說我不了解你，說我性情憂鬱，缺乏溫存體貼的柔情。我亦覺得你不了解我，我對我們的婚姻有點後悔了，我與你寫信就漸漸少了。後來你告訴我，你那時亦不免意念動搖。因你忠厚，你始終莫有說過一句負人的話，你仍照常與我寫信，你對我抱着希望，希望能改變我。可是我年輕不懂事，道德的觀念當時在我心中不太明顯。我就大膽的說：「既然我們性格不合，我不如人，我不願累人，我們還是不談婚姻的好，我們只作朋友吧，我站在朋友妹妹的立場，我永遠尊敬你」。同時因環境關係，當時有人向我表示好，雖不定就談婚姻，但我們的距離就愈來愈遠了。

說來亦奇怪，我們距離一天一天的遠，但我心中漸漸出現對不住人的意思、內疚難安，我寫信向你表示歉意，望你早選佳伴。你則不以我的相負而斷絕了一切的情感，你亦望我早有佳伴，並常寫信與我談婚姻之理想及許多人生問題。你說你躭誤了我的年華，這是你對我的補償和貢獻，也是你對我的報答。你說我們不能共同實現你婚姻的理想，你望我與任何的佳伴去實現你婚姻的理想，你說理想不必要自己去實現。在這差不多一年的時間當中，是我們書信往返最多的時間。彼此均有無私的同情，無限的自責，都願負造成婚姻變化的責任，都覺自己犯了錯誤，願受錯誤的懲罰。尤其你那些悲天憫人，寬恕對方，尊重對方的信，實使我感動，使我慚愧，我常含着眼淚讀你的信，想着你的為人，想着你那赤誠的心，不覺對你增加了許多了解。同時間你來信亦說你對我的了解亦更有了增加。

有一次你在信中問我，是否已與人眞有愛情關係，如有你祝我幸福，你並願與我談愛情的人通信，講婚姻之道，望他對我更好。然後你才說，如果沒有，你願意挽回我們的婚姻。毅兄，你這種崇高的無私的情感，世間難有，我除了讚嘆你的偉大而外，就是感到自己的渺小。毅兄：我當時心中矛盾，總覺得配不上你，與你談婚姻是委曲你，同時我亦固執，我認爲既然說了不談婚姻，就不願出爾反爾了。所以我拒絕了你挽回婚姻的說法，仍望你另選更好的女子爲伴。毅兄：我現在想起當時的情形，我眞糊塗，我莫有好好的想過就拒絕了你，我幾乎失去了你，眞是好危險呵！這或者是天意，先使我們的婚姻經過變化，經過決裂，經過痛苦，經過反省，再使我們團圓，才有我們後來相愛的堅貞。所以自從我拒絕你希望挽回婚姻的說法後，我並未忘去你。我常到郊野靜謐的地方，重讀你的來信，遙念你的一切，我再沉痛的反省我意念動搖、我變了心的種種心境。最大的原因自然是覺你對我無信心，不了解我，但是我未曾打開我的心，我不能使你對我有信心，不能使你了解我的性格，不接受你對我的希望和愛護，我亦不求了解你，就隨便提出毀婚約的事，我是太荒唐了。明明是我對不住人、辜負人，我眞不知如何補救我的過失。你信中則說，自從我們有了距離，我離開了你，你才發現我有許多好處，你說你以前對我無信心，不先求了解我，而只覺我不了解你，不先對人有溫存體貼，而只知求他人的溫存體貼，這是你最大的錯誤，你願承認錯誤，你願受錯誤的懲罰。你說錯誤是獲得眞理的必需經過，這話眞對。我們就各自在承認錯誤中，不斷的更了解到對方的道德品質，我們互吐心曲，同情對方，望對方幸福。我若大夢醒來，想到毀婚約的事，我已錯在先了，拒絕你挽回婚姻關係的說法，更是我的愚蠢。毅兄：我知你仍未忘情於我，我何以要裝模作樣，我何不放下所謂自尊坦白向你表示我的傾心，希望補救我的過失於未來。不過我不抱必然成功的希望，因爲你已有朋友爲你介紹女友了。我只是覺得應以我的赤誠向你求一次愛，才能報答你對我的一片眞心。記得在那信中我還說了誑語，但你知道誑語後面是我的眞心、是我的赤誠，你能了解我用心之苦，你接受了我的要求，我們就復歸於好了。我們才從兩年的痛苦中解放出來。毅兄：你知我是如何的感謝你，我是懷着懺悔的心情，流着感動的眼淚在感謝你呵！

暑假我回家看父親，先到重慶來看你，相見時大家都有說不出的難過，彼此痛哭一場。那些日子我們流了許多懺悔的淚，亦流了許多歡樂的淚，亦有吵架的時候，吵了架我愛賭氣，最後都是你安慰我，使我破涕而笑。但當你教我如何讀書如何爲人的時候，我就恭恭敬敬當你是老師。由重慶又到了你宜賓的家，又到了眉山我的家，最後到成都，你又把我送走，讓我回到學校讀書。那時我們了解深、愛亦深，離別眞是痛苦。因爲我汽車失事受了傷，住進醫院，很久才與你寫信，使你掛念不小，並來電報問我是否平安，如今想起未能早與你寫信，尚有歉意。我回到學校，恢復了學生的生活，我有朋友同學言笑談天，你則回到中大分校柏溪，那裏你少有人來往，更無人可以談心，你感到孤寂，感到空虛。空虛使你生出許多幻想，造成你大的痛苦。你覺得你相信的眞善美已幻滅，甚而你說眞想毀滅自己，不願再見我。你又說你的痛苦與我無關，你說你痛苦的原因，是把過去未來現在分不淸楚，是神性與人性的衝突，你說是你自己造成的煩惱，別人是不能解除你的痛苦的。可是毅兄：我知道你的痛苦全是我造成的。離別使你空虛，空虛使你懷疑我或者又會生變化，這是人之常情，我眞不知如何才能安慰你，但你總是原諒我責備自己，一切責任都歸到你身上。你說你曾說話傷害我，如今你不忍再說一句傷害我的話。你說你情感動盪時苦痛心情寫的信，會使我難過，所以有時寫了信莫有寄給我。但你又說你的苦痛亦只有向我才能說，同時你願意把你心中任何的念頭都使我知道，如不讓我知道，有所隱瞞，就是對不住我。我了解你有天生的對宇宙人生荒涼的情調，你煩惱多苦痛多悲劇意識甚濃，情感有時動盪難安，所以我亦希望你情感盡量發洩，不管給我任何苦痛，我都應當承擔。後來你想通了，你作了一個偉大的夢，我們大家的情感才平靜下來，並感到我們的心有了更深的接觸。我對你的愛中添增了無限的敬意，覺得你實在值得我佩服，我佩服你有崇高的理想，佩服你有無私的感情，和你對民族文化的使命感。我當下生起了一種強烈的責任心，我覺得我對你的責任很大，我要好好培養自己，希望多少有點能力，能够幫助你，與你共同實現你一部份的理想。可是毅兄：當我懷疑我多半在學問上、事業上不能幫助你時，我對自己感到失望，我很難過，覺得對不住你。但當我想到我有生命，我有熱血，我有眼淚。我至少可以以我的生命熱血和眼淚，照拂你，使你精神和情感都有所慰藉，可以一心一意去實現你人生的理想。我亦以此自慰。

你一直等我大學畢業，我們在一九四三年才結婚。婚後共同生活，初初亦有不習慣之處，但你對我的愛是無微不至的，我感到你的愛有許多方面，除了男女之愛而外，我好像在你那裏得到了一種類似保育的母愛，因爲你念我是一無母的孤女，你處處體貼我照顧我。有時又覺得我們是兄妹之愛，朋友之愛，師生之愛……總之我整個的生命都給你的愛包裹着了，我覺得我是世界上最幸福的人。那時是國難期間，你的家庭負擔很重，我亦工作了幾年。一九四九年我們先後到了香港，那是一個大動亂，亘古未有，天翻地覆，失去了人性的時代，整個民族沉淪在苦難中，每個人都在患難中。在患難中我們相依爲命，愛護對方，體諒對方，互相容讓，無不以對方之心爲心。你常說使我受苦，你心不安，但是我覺得我有一個像你這樣愛我的你，我是很滿足了。我不覺得什麼是辛苦，那怕是菜根亦是香的，淡飯亦是甜的。難爲的事亦覺得有趣味。毅兄：你記得嗎？我們莫有錢的時候，把空瓶空罐都送到收荒店去賣，本來可以賣一角錢一個的，但有一次送去，店家只出五分錢一個，我們很生氣，拿着一大袋大大小小的空瓶空罐掉頭就走，一不小心失手，把瓶瓶罐罐倒得滿街都是，途人大笑，我們並不在乎，我們亦跟着大笑，後來這件事常成我們談話的資料，覺得很有趣味。不久安兒來了香港，你開始去香港大學兼課，逢星期六你午前去港大上課，待安兒放了學，我母女就帶給你一盒菜飯，飯後如有足够的錢，我們就乘纜車登太平山遊覽，若錢不多就坐電車由港大坐到東邊筲箕灣最後一站，再由筲箕灣坐到西邊堅尼地城最後一站，站旁有一小店，售花生和米酒，我們買些來吃，眞是津津有味，無奈卅年的時光匆匆過去，你亦棄我而去了，這才使我感到什麼是人生最大的苦痛。毅兄：你說過夫妻死別的痛苦是與愛情的深淺成正比例的，實在不錯。我有時痛苦之極，眞想毀滅自己早日到你那裡。但身體髮膚受之父母，你一定不贊成我這種舉動的。我只有轉移我淒愴的情緒，想着你尚有未完的心願，未完的責任，我應當替你完成。而且我們相信精神不朽、靈魂常在，死不過是形質寂滅，我們的心靈是永遠相通的。毅兄：這是我最大的安慰。每當我在你靈前焚香默念時，我眞不覺你已不在人間，猶如就在我目前。我亦時在夢中見到你，有一次你向我說，陰陽本是一體，不過你在陰面我在陽面，但陰陽兩面是相通的。有一次你還教我讀書哩，你說讀書最重要是要有寧靜的心境，要以整個生命性情去接觸著者的心，如不能了解，可以暫時放下，過一些時間再讀，自能有與著者心靈默契之時。又有一次夢見你將有遠行，朋友催你早日就道，你說你遲遲不走，就是怕你走後我太孤寂……毅兄：這些都不是夢，這是你生死不渝的念我之情。本來被人懷念是人生的幸福，可是我們的懷念是生死間的懷念，毅兄：我是含着眼淚在感受啊！

　毅兄：你去世已三年了，我亦有勉強自己打起精神作事的時候。思念你時，我就看你的書和你給我的信，雖然我心酸難過，但在冥冥之中我得到許多啟示，覺得你的智慧和情感都貫注滲透到我全部的生命，使我有一精神上的實在感，並覺精神在上升有一幸福感。當我看到你信中說：我們婚姻的變化，使我們受了許多痛苦，但若莫有我們婚姻的變化，我們不會互相認識對方品質之可愛。許多人生問題也許就想不到，也寫不出那許多悲憫見性見情觸動人心深處的信。你說你愛情之福音一書或者就不會寫了。你又說你人生之路第八部上半部寫成許久，而下半部總是寫不出，後來因為我們婚姻變化，使你體驗到許多人生問題，後半部才寫成的。毅兄：想到這些因婚姻變化而來的意外收穫，我許多對不住你的心情似乎得到一點安慰。去年重陽節我第一次去臺掃墓，見那碑上是我們二人的名字，墓是雙穴，我們是生在一起，死在一起，我亦感到滿意。毅兄：我們有生死不渝的愛，在無量的未來世中，我相信我們仍是恩愛的情侶。或者如你所說，我們是道義的情侶，我們要在未來世中共同實現我們人生的理想，我們的愛是幫助對方完成人格的愛。

你在給我的信中說過，你晚年寫自傳時，你要把我們的婚姻經過如實記敍，以作青年朋友的參考，惜你未能親自完成此願，我把你婚前給我的信，成書印行，並在後序中略述我們婚姻的經過，毅兄：我知道你是不會反對我的。這亦是你逝世三週年我對於我們往事的追念，我即以此來紀念你。

影印書信手稿三封附於書前，永留紀念。

民國七十年西曆一九八一年二月二日　廷光序於香港寓中

致廷光書下篇（婚後）

小序

謝廷光

致廷光書下篇，乃婚後或廷光省親小離、或來香港後先夫應邀到外地訪問、講學和參加學術會議，其間所寄回的家書，對他人或無意義，但對廷光則有價值，故作爲致廷光書下篇刋印，以爲紀念。

自一九六六年，以先夫患目疾，凡出外開會講學，皆由廷光陪伴，故自六六年後卽無家書致廷光。又致廷光書上篇，所謂第一信、第二信……，實際並非眞實次序，因許多書信已散佚，此僅按時間先後編排而已。

民國七十四年六月廷光序於香港

一九四五年（重慶··廷光歸眉山省親）

第卅七信

光妹：

你再過七日便三十歲，我也莫有什麼東西與你作生，也不好寄，僅將安兒一像寄與你，並祝你三十歲以後精神身體都有進步。有一事告訴你，即母親病經張簡察看後才吃數副藥，似大有轉機，母親常心燒心煩，彼說是血滯住，吃藥後頗有效，如眞能治好便一切都好了。你身體不好，將來也可以請教他，他是中國第一名醫。再還有一事告訴你即我在此一月半中寫了中國哲學史十萬字。三、四年來均未寫文，你從前怕人說是因我與你結婚致妨礙了我寫不出文章，現在可以洗刷你之寃枉了，一笑。我想卽以此十萬字與你作生，好不好？五弟已到北平，並會見你二哥，他寒假想回來，但尚不知交通允許否，如能回來就好了。二哥前來信說，你今年滿三十歲，可見他仍記得，卽祝

你安好

伯伯大人，大哥及闔府均此問安

毅兄　一九四五年十一月十日

一九五六年（臺灣・・香港文教界人士應邀訪臺）

第卅八信

光妹：

前日上一緘，想已收到，我來此甚好，只是終日無多閒時，今與錢先生一信寄你一看便知我之情形，不另贅。我大約四、五日後，便可較閒。

徐先生已來臺北，東西已交與，兆熊者俟以後去臺中時再交去，宗三兄身體尚好，彼所教之學生頗有篤實者。我來之第二日即有八、九人聚民評社候我，但因有約，故去時不及一時，即匆匆離去，只有以後再與彼等談也，匆候

安好

安兒：你要好好讀書並聽媽媽教訓才是。

毅兄　一九五六年八月七日

第卅九信

光妹：

前上二緘收到否，你與安安未有信來，不知身體皆好否，我明日卽去臺中、臺南一行，三數日回來後大約還有二、三次講演，回香港約在二十五、六號左右。到臺旬日每日均無暇時，每日總有四、五處約會宴會，但我之身體甚好，每日均浴一次。此行還是增加了許多對臺灣及其他方面之了解，不爲無益，容後面談，匆候

安好

安兒要好好讀書。

毅兄　一九五六年八月十三日

第四十信

光妹：

我于前日乘機去高雄，昨日參觀糖廠、碱廠等，今日來臺南，下午看了此地之孔子廟及鄭成功廟等地，擬明日卽赴臺中。此二、三日參觀之縣皆小縣份，可見人民一般生活，臺灣農家大皆有電燈，農女下田多戴草帽，面蒙紗布以免太陽晒，此內地所無。

高雄之糖廠平日職工千餘人，在忙時工人近萬人。煉油廠爲遠東第一煉油廠，亦員工一、二千人。高雄爲臺灣工業區及軍事區。數軍校亦看了一下。整個來說，臺灣之政治不如軍事與工業農業，後三者之進步，遠非昔之大陸所可比，教育方面則兒童受教育者在百分之八、九十，亦非昔日大陸所有。

我前與你二信皆收到否，與錢、伍二先生之函想已轉去，即候

安好

安兒好

毅兄　一九五六年八月十六日

第四十一信

光妹：

我于前日離臺南前，日夜與同行者遊關子嶺。昨日至日月潭，過潭至夷胞住處，曾與夷人之公主及同人等攝一影，並觀其原始之歌舞，昨夜即宿日月潭。今日來臺中，曾至兆熊家，東西都分別送與他們，一扇送其岳母，但兆熊到山中考察未晤。他家房小人多，生活甚苦，九人一月只千一百元臺幣，只值港幣二百元，不過房屋由校中供給，又略有配給。我去時見他們精神均不甚好，送了他們東西後便精神都好起來了。兆熊兄寫文之處爲一小屋，不及我們所住之厨房大，到處都凌亂，但念其竟能定心寫文，亦可謂不易。

以上臺中所寫。

我離兆熊兄處，至佛觀兄之東海大學住一夜，該處教授宿舍頗好。該校及師範大學皆望我將來能來此講學。昨日下午入城，有數青年學生在旅舍候我，與彼等略談話，夜返臺北。今日得你及安兒信甚慰，頃獨來文廟，在文廟中寫此數字。

我本想早回來，但尚有二次講演，二十六日如不能回來，二十九日必歸，因只有二十六與二十九乃有民航機，餘後談，即候

安好　安兒好

毅兄　一九五六年八月廿日

第四十二信

光妹：

我回臺北已數日，本擬今日返港，因有多人須會晤，故改在二十九日回港。已往定機位，大約當日九時起飛，十二時左右可抵港。聯合國會之講演定在二十九日晚，我想當夜亦可去講，但如你怕我太累，可打一電話與他們說我本定當日回來，爲免意外未歸，不如移至下月，如他們不便移期，臨時少講一點亦可。匆匆

候

安好　安兒好

毅兄　一九五六年八月廿六日

一九五七年（日本、歐洲、美國：應美國國務院邀請訪美兼訪日本、歐洲）

第四十三信

光妹：

我于前日晚抵東京，有中國大使館一人及日本人四、五人與胡蘭成兄同來接，當夜住小桐旅社，兩日均甚忙，故未與你寫信。

我此次來亞細亞研究會，曾與各方接洽，排有一日程表，昨日有三次聚會談話，今日上午至亞細亞大學講演，下午應中國大使館新聞處之約出遊，頃在一四川菜館吃飯回來。

前日在此遇見一宜賓同鄉，在東京大學研究院治哲學者，他要回香港，乃便託之帶上一火柴盒及我之日程表，想三、四日後彼即將抵港，他可說說我在日本之情形。

大體上說日本人藝術性頗濃，對人甚有禮貌，旅館及飯店之侍女皆甚有禮，一般男子鞠躬亦有七、八十度。此二日約遇見近百人，參加聽講者在外，他們對我皆甚好，大約是池田他們之先作宣傳與亞細亞月刋譯載我之文之故。

我離港之日，在機場後來卽不見你同安兒，匆匆上機，在機上六小時，尚未暈機，但機上全是西洋人不大舒服，下機後見中國人與日人，卽如又回到香港。日本人都會唱歌，昨日夜安崗、中山優等請我在灘萬吃飯，見日本之藝妓演歌舞皆頗文雅能作俳句。安崗與中山優皆六十餘歲之中國儒學者，他們同歌「勸君更進一杯酒，西出陽關無故人」之歌，他們的意思是說我離日去美便無東方之故人了。他們六十餘歲還能唱歌舞劍甚不易。日本大約尙較中國人多有原始氣，亦能尊敬人。二日中我曾作四次起立講話，經池田翻譯，他們都時時點頭表示贊成，中國人則心裏贊成亦少有如此點首的。

嘉林邊道的房子，是否可繼續往下去，我想能住一室則不要搬。你與安兒在家，營養方面還是要注意，我近日吃的東西都很好。我與池田同住，大約明日即去日光一遊。即候安好，安兒要聽媽媽話。

毅兄 一九五七年二月十二日

第四十四信

光妹：

今日收到你前後來之兩信，支票及X光照像亦得。我在此七日中就是太忙。日本人此次對我很熱情，大約日人亦希望好的中國人能了解他們，所以約會特別多，我亦不能過拂其盛意。據胡蘭成兄說招待我的亞細亞學會並莫有錢，此次是向亞細亞大學募三萬日元（約港幣五百元），外務省與一些資本家募十餘萬元招待我，當然實際上我一人用不了這許多，乃是爲集會等事用的，我初覺很不安，但是他們的意思是促成文化交流，亦非只爲我個人，所以亦就算了。

日本人非常有禮，我幾次到日人家，都是其太太女兒親自出來添飯斟茶敬酒。在大人談話時，晚輩皆不說話，經過時亦疾趨而過。今天在一處吃茶有點心，我拿一個與一小孩吃，小孩未得其父母允許卽不吃。每次辭別出門時，主人皆送出門外，等我們上汽車後，又向車中行禮，然後回去。日本人當然有許多缺點，如心胸窄，但對禮樂之重視，卽現代中國人所不及。

我來此講了好多次話，都是池田翻譯，大概還譯得好，聽的人常常點頭，亦提出一些問題。日本地小人多，並在美國及大陸中國與俄國之力量之夾脅中，故在精神上甚苦悶，亦切于求知。但我所講的只是及于抽象原理方面，亦很簡單，不必能解答其一切問題。今天上午至廣播公司去作了十五分鐘之廣播，是講日本人之衣食住與中國文化之關係的，比較具體。講了後公司送了謝禮六千元，上稅九百元。我來此尙未用一文，今又得了五千一百元，不過以後還是要用錢才對。

證明余慧文及蕭欽松的信，不知如何寫才對；如須正式信用英文寫，可問明格式，請伍鎭雄寫，我以另紙簽二名備用。我明日卽乘機去名古屋，再到伊勢轉奈良京都，二十三日回東京，當夜卽去檀香山。檀香山方面可請中國大使館去電要檀香山之領事來接。此間中國大使館不大得人望，但前日亦爲我請了一次客。

嘉林邊道之房子如何，如不能住，卽住對面譚家爲佳，因鄉間到底不大方便。卽候

安好　安兒要好好讀書聽話講禮。

毅兄　一九五七年二月十八日

第四十五信

光妹：

日前與你一信，與校中同事之信，蕭佘二生之介紹信並在其內收到否。我于前日夜由東京乘機至名古屋，與池田宿店中，昨日上午參觀日本神宮，此乃日本之民族祖先神武天皇之父天照大神之廟。此廟甚特別，極簡單，無偶像與文字，廟外有一白布，人民卽在白布前禮拜。我們特許入院內，但亦不能至內部，據云內部只有四重牆，無屋瓦，最內部只有一鏡子。天照大神謂其子孫曰：若欲見我，卽看此鏡云云。此甚有意思。昨日下午神宮皇學院請我講話，卽隨便把我所想之神宮意義講了一番。先生及學生約四十人，聽了似甚有興趣。我們走時一些學生皆立汽車旁等我們入車內後行禮乃去。昨日晚又由伊勢至奈良，今至奈良各處看了一看。奈良是千二百年前日本都城，學中國長安建造，保存唐代之佛像雕刻甚多。我上午至東大寺乃華嚴宗之寺廟，寺僧取出所存千二百年前之寫卷，多係日人留學長安時所書。憶數日前參觀東方文庫，見朝鮮、越南人之詩集皆中國文字，可以想見中國過去文化及于四方之光榮。今日下午又至奈良之法隆寺、招提寺等處，皆是中國式之建築，寬濶而平正。大約奈良是最受中國文化影響之一都市，較東京、名古屋等之現代化都市爲有趣味。可惜時間不多，今夜卽來京都，住靜安寺中，此寺乃禪宗之寺，但大和尚出去講演未遇。此寺兼辦有佛教大學，與此校一教授及廟中他僧交談，爲他們寫了二十幾張字。日本人喜歡寫字，他們之字寫得不好，但喜保留他人之字。我在東京亦寫二、三十張字，一飯店中之小侍女亦買了新筆來臨時要我寫字，此乃他處所無。

據云日本人戰前輕視中國，但在戰爭中日本人到過中國者皆謂中國人好，及戰敗後更不輕視中國了。大約中國人之智慧還是較日人爲高，胸襟較寬大，只是日本人比較切實能苦幹。此外日本人亦還有壞的方面，前到中國之浪人及軍部中人，壞人亦多，但這些人我尚未遇見。他們的意思是只讓我看好的方面，壞的方面不看亦不必看了。

以上于奈良所寫。前日夜去京都，除訪問人文科學研究所及二哲學界人外，曾遊龍安寺，中有一花園甚有名，但園中只有五個石頭，別無花木及他物，聞係禪宗之僧所設計。此外曾遊日本之舊皇宮，與中國鄉中之大農家建築相似。昨日晚來大阪，宿四大天王寺，乃千三百年前所建，是爲招待唐代來之使者及僧人用者。今夜卽回東京，但今夜在大阪尙有一講演，明日還有一送別會，以後他們還要把我所講之紀錄整理印出云云。

我所見之日本學者皆勤勉謙虛過于中國人，但氣慨不盛大，或因日本固有文化只有一神道教，餘皆取諸中國與西洋。今之日本尤在夾縫中，故精神上之氣慨難樹立，不似中國人與西洋人曾獨立創造文化。日本土地狹而薄，一切全靠勸勉努力，此亦其可憫處。池田昨天帶我看皇宮時說，日本人本好和平，過去之侵略中國，乃受西洋國家思想之毒。彼在戰爭時期原爲反對對華戰爭者。大約今在日本有地位者，多是在對華戰爭時反對日本軍部者。他們說眞正之日本人與到過中國之日本人不同，我覺亦然。日本一般人民甚有禮，如問路時，他們必詳答，昨夜回廟時不識路，卽由一不相識之人帶路而回。我對所接觸之日本人亦不把他們當作日本人看，只當一人看，如此則言語雖不通，亦少了許多阻隔。我買了一些畫片及他人贈的書，由亞細亞研究會寄回。

可選點禮記與安兒讀，如樂記、孔子閒居、仲尼燕居及曲禮等。即祝

安好

毅兄　一九五七年二月廿二日

第四十六信

光妹：

昨日上午發一信想已收到，余蕭二君介紹信早已寄港不知收到否，如須英文者，可請伍先生打二張寄鮮季明處由我簽字寄回。我于昨日夜七時乘 PAA 機來檀香山，飛行十六時餘，今日抵檀香山反爲二十三日六時，此由過某經線二邊時間計算法不同之故，此地之二十三日六時在東京應已爲二十四日九時矣。

檀香山已爲美國境，今日入境時無人來接，領事說因事不能來，但爲訂了旅館，他明晨來看我。我之文章已託日本友人寄港，收到時告訴我。此間旅館純爲西式，大約頗貴，我方才叫一晚餐美金二元四角，不過與香港五元之西餐一般，此間侍者不叫卽不來，故房中甚靜，乃把東西清理了一番，發現王懿文一像，蓋是走前一日交我用補貼在哲教系送我之像册的，今寄回。外在三瀦先生家中照之像亦寄回。在日本照了許多像，以後當連日本風景畫片及他人所贈書一併寄回，你與安兒可以看。

在日本時他們招待我花錢不少，但他們並非有錢人，昨日走時尚有一餞別會，來了二十餘人，安崗、中山優、尾崎及西尾等都講話，希望共發揚東方文化。西尾曾當副首相，他雖爲在野黨社會黨之右派領袖，但亦甚忙，彼仍抽時間來。安崗復謂過去到中國之人從無如唐先生此次來所見之能代表日本之好的方面者，又有學生來獻花，因覺彼等慇懃，所以把來日時所買之照像機送亞細亞會，又換了五十美金與佣人及旅館中之侍女等。昨日上午又去拜訪了皇太子之師小泉信三，彼之面爲大戰時美人所擲之原子彈炸傷，但彼仍主張日本應屬于自由世界而反對蘇聯。此人因爲太子師不能隨便參加會議或發表言論，故我特去看他一次，乃六十餘歲之老人。

母親處你寫信時暫不說我到日本的話，日本之平民與軍人應分開看，平民對中國人實不壞。我前日宿四天王寺，池田外出，我一人在屋中，該寺僧忽帶來一日本女孩約二十餘歲來看我，說幾句話我全不懂，她走後池田回來，我要他問寺僧，此女來何意，寺僧謂此女因曾在中國住過，故聞有中國人在此便來看一看云云。此女並非慕名而來，因其亦不知我爲何許人也。

一切的事你不必掛念。二十六日夜十時乘機到三藩市，二十七日晨七時可達，已與鮮季明信要其來接，縱不來，亦不要緊，因航空公司亦會指示叫車等事也。卽祝

安好

安兒亦可以寫信與我，如嘉林邊道不能續住，卽住譚家較好。我之人文精神之重建及中國文化精神價値各寄一部與日本中國大使館圖書室。

毅兄　一九五七年二月二十三日

第四十七信

光妹：

昨日與你一函想已收到，今日上午一人在旅館清靜了半日，但清靜中亦感無味乃出外繞旅館之街走走，並在一食店中吃了一碗麵。檀香山原有若干土人，後有中國人，菲律賓人，最後歸美國統治，乃東西民族與文化混雜之地，都市建築純爲美國式，街道店舖皆頗整潔輝煌，但使人見了覺一切皆線條分明，色彩凸出，一無餘味。到食店中見顧客多是美國兵，亦無多趣味。一碗麵及一杯咖啡要一元五角美金，亦不好吃。下午三時乃有 Honolulu 大學之一哲學教授代連絡之一中國人來約出遊，兼約晚飯。我以晚間另有約，只由其驅車在檀香山四處跑了二時。檀香山頗富足，平均二人皆有汽車一輛，驅車至郊外時，開得極快，見其他汽車亦皆在路上風馳電掣，大約二小時跑了二百多中國里。在車上除彼外還有家人，均不會說中國話，只會說英文，故雖見的面孔是中國人，亦如與外國人相接。跑了二小時，亦未在何處休息觀賞一會，忽感此種飛快之車在自然中，實亦是魔物，今之物質文明世界蓋皆爲魔境，亦未可知。或在美國另有精神文化，比較不同。檀香山蓋先有物質文明與自然風景，此終不能使人無魔境之嘆。晚間由中國大使館約臨時參加一華僑團體之春宴聯歡會，有二、三百中國人。春宴一名詞尙保存舊的中國名詞，有人表演中國之舊武技，尙用中國舊日之大鑼，但亦有夏威夷之土風舞，不大雅觀。在我之一桌上有中國領事及會中主席，中國商業領袖，亦有夏威夷新選出之皇后及演此土風舞之女生。許多男子穿花夏威夷衫，彩色都不好，此種情調頗難說，總之甚不調和，但尙能保存一些中國之大鑼及春宴之名詞等亦算不易了。晚上所吃的是廣東菜比較好。在PAA機上吃的西餐是很値價的，但味口不對，一菜一味各味分明，不會調味，乃西餐之大缺點。總之在此之情調與在日本全異，在日本有親切感，此處則房屋雖好，人對我未嘗不客氣，但總覺不自在，語言不大通是一因，但主要不在此。一般人說檀香山好，只謂其有自然風景又有近代物質文明，實則只此二者，人仍未脫魔境，人心仍不自在也。

明日去夏威夷大學訪問，後日卽去三藩市。在日本時曾夢你與安兒，夢中覺如在香港，說不去日本了。昨夜又夢見二妹四妹等，是否有母親亦不甚清楚。總之只是住處好，他人對我尊敬客氣，慇懃招待，都無多意思。在日本還有歷史文化可瞻仰，此間則只有博物館，博物館中之物，與其所在之環境脫節，實亦無多意思也。我在臺灣中美月刊所發表之文，可拆下分別寄二份來由鮮季明及Weigle 轉我。

此數日內不再與你寫信，如有餘時當準備點必要時講演之材料，在日本講話因有翻譯，故旋想旋講，尚無大困難，在此講話皆須用英文，我大膽講，別人亦大體皆可了解，語言障礙當可漸克服，乞釋念，匆候

安好　安兒近日讀了什麼書？

毅兄　一九五七年二月廿四日

第四十八信

光妹：

我定今日晚乘機去三藩市，明晨卽可達。

今日上午去 Ecke 之 Honolulu Academy of art 參觀，彼處藏中國畫頗多。彼之太太爲中國畫家，但不在此，彼能說中國話，在北平等地住了很久，頗愛中國，我答應寄新亞學報二本與他，你可將家中所有之新亞學報一、二、三期各一份直接寄 Prof. Ecke 之 Honolulu Academy of art.。

又新亞信紙今覓得二張，簽名于後，可請伍先生代爲蕭余二生寫介紹信。

今日下午晤見張伯珩介紹之一學生何君，在此讀物理，人尚好，彼亦帶我遊了一些地方，晤張先生時代我致謝。Ecke 亦由張之友港大同事劉若愚介紹，亦代我謝謝！

即候

安好

毅兄　一九五七年二月廿六日

第四十九信

光妹：

我于上前日上午抵三藩市，當日參觀科學館與博物館，前日參觀 California 大學，昨日參觀 Stanford 大學之東方圖書部份並注意其研究中國學問之情形，二大學皆距城百餘華里。夜間又至鮮季明任教之 Academy of Asian Studies 參加彼與另一教授之 Class 一次討論，故一無暇時，亦未與你寫信。

我來三藩市時季明及孫述安來接，後即往孫甄陶先生家，彼等相待亦慇懃，你可一切勿念。

此間中國人在大學任教者亦遇見幾個，對國內情形多不大清楚。三藩市有中國城，衣物飯食如中國之舊，亦有佈置如百年前之形式者，中國城中多有全不識英文者，孫家在中國城附近。

我此三日亦常有一人行路之時，問路時無論是白人、黃人、黑人皆樂告，汽車雖多，但可依街口紅綠燈行，無紅綠燈之街，此間以汽車讓行人爲原則，如汽車于此不讓行人誤傷行人，則可控告開汽車者以謀殺罪，聞在美國皆是如此，所以于此你亦可勿念。

昨日並至亞洲基金會，該會可贈書與新亞，我去選了四、五百本西書，因時間不夠，餘者只請他們再選。

房子事如何，計前日已二十八日矣。

今日將去中華會館及報社，計明日將去洛杉磯，二、三日卽歸，再至西雅圖。

張君勱先生曾見二次，談最久，彼身體尚好，但亦似頗寂寞，據張言此間研究漢學者皆不行，以我所見亦無特別之處。哲學系教授亦看見數個，氣象無大足觀。二大學皆規模甚大，一、二日看不了許多。California 大學一年預算至七千多萬美金，他們就是富足。此間街市大體與香港差不多，都市到處皆一般也。

不一卽候

安好　安兒好

毅兄　一九五七年三月二日

第五十信

光妹：

我于三藩市曾與你一信想已收到，我三日前來洛杉磯，在此曾參觀 Occidental College 及 Peperdine College 與 Southern California 大學及 Ramona College 並至好萊塢街上一看。洛杉磯氣候溫和，土地與房屋較富于色彩，數College 亦各有特色。Southern California 大學有東方文化系，但只有二教員，一爲陳錫恩，一爲韓裕文之友嚴綺雲，彼爲嚴復之孫女，在該校任中國文化及歷史之課，彼人尚好。韓裕文之書尚在 Cornell，可送與新亞。又 Asia Foundation 亦有約千册之書可贈新亞。我住 I. Aug 家。此間有二新亞學生一爲郭子偉一爲熊耀德，半工半讀，工讀生大皆作酒店 Waiter 以可得小賬，收入較好。

此間生活不算貴，三藩市之房屋較香港廉一半，金山橙較香港亦便宜，鷄只六角一斤值港幣三元餘，張君勱先生一家三人，不過用壹百多元美金，孫先生一家六口，用二百多元，且生活亦不算苦。但此間各地皆相距甚遠，動輒數十里，如無汽車則訪友極不易，我是靠朋友汽車行動。梁崇儉之兄距三藩市須三小時汽車，我因無時間去，故去一函要其來三藩市，不知能來否。我明日中午卽乘機回三藩市，後日赴西雅圖，計達華盛頓，當在三月十一、二號矣。

來美後均在忙中，平均每日參觀一大學，學校諸先生及他友人處皆未及寫信，晤面時均代候。匆此不一，卽候

安好

毅兄　一九五七年三月六日

第五十一信

光妹：

在三藩市與你一信後即赴西雅圖，在西雅圖三日曾至華盛頓大學 Far Eastern Institute 參觀，並與其處之中國教授一談。該處爲中國教授最多者，施友忠在其處教哲學。最後一日王明一由 Spoken 來看我，算是西雅圖所遇之唯一熟人。昨日晨我卽由西雅圖來華盛頓。St. John's College 之校長至華盛頓機場接我，昨夜卽驅車來 Annapolis，昨夜住其家中，熟睡至今晨十一時。今日下午彼爲我佈置一室，室尙寬大。張葆恆子在此讀書，今日晤見。

美國人甚富足，但生活皆太忙太緊張，許多中國人在此皆住不慣，有中國學生謂在此常終日無一人說話。中國之教授在此常一週須教十小時課，並要教小學程度之中文，我看實無趣味。到此處我才深感到物質生活上的舒適全不能補償精神生活倫理生活上的空虛，我亦覺此處遠不如日本香港之可愛。

明日擬去紐約一行，一方是游雲山望我去，一方亦是多看幾個中國人，數日後卽回來，也許要準備幾次講演，但是我看美國人很少眞看重中國文化中國思想的，講亦莫有用，費力用英文準備亦有些不值。

你能不搬遷最好，能租下另一小房，則我回來暫時亦夠用。

此間是一切事都要自己做，昨日今日 Weigle 都與我提行李，教授亦要自己去買菜，寄信……等，我等一下亦要拿衣服到洗衣店去，這樣自己管自己，亦可以練習一些生活能力。

你所寄之二信及寄三藩市與此間之書均已收到。勿念，卽候

安好　安兒好

毅兄　一九五七年三月十二日

第五十二信

光妹：

我于前日在華盛頓與你一函想已收得，你躭心我會感到不舒服的事是有一些，但亦不是全爲好名，只是怕被冷落感寂寞。大約我此行還不如何被冷落，只是在異地無人相伴談話時則感寂寞，想住定後能作一點事便不同了。

中國人在外對新來中國人甚好，我在洛杉磯郭子偉曾請假二日相伴，在三藩市鮮季明幾每日均相陪，在西雅圖時最後一日王明一乘七小時汽車趕來看我。昨來華盛頓至中美聯誼會訪問，晚間游雲山及張迪善來。有人相陪則訪問與出遊皆較方便，否則須處處問路，但美國人對人問路皆頗詳細告訴，昨天我一人至中美聯誼會，全靠一美國人帶路代雇車乃達。美國人之長處是社會服務精神強，樂于助人，忙于自己工作，一週忙五天，星期六及星期日假日便儘量玩。

美國生活是高，但住定後便不高，一個學生一月一百元已很舒服，因伙食不過四、五十元卽足。我打算後日由紐約回華盛頓後，卽在 Annapolis 先住一月，然後再至他處訪問，錢我想夠用了，因車費多半可由國務院出。你亦不要太儉省，亦不須兌錢來，我要時再告你，可賣六妹之金子暫用，以後再還她。

游雲山進行的事，尙不知結果如何，彼與我談了一些，看來已無大希望，彼大約四月中再去歐州。

紐約就是人多、房子高、熱鬧，街上汽車行駛極慢，尙不如到地下乘地下車來得快。在此住旅館大約五、六元一日，住朋友家雖可省錢，但亦太麻煩人，此間天氣現不冷，與香港差不多。

張迪善很能適應此間社會，他說他每月可得四百美金，因他學會作鷄尾酒，星期日在酒吧間工作數小時卽可得五十元，又在教會中任職，月有二百元，我望他可以多兌點錢回家和留點錢以後讀書。一般學生之工作都是洗盤子當茶房，洗盤子按時計一時一元，故一週洗二十五小時卽足用。大約中國學生只要能來總有工作可作，不過待遇不同而已。

母親不知我來便算了，如果以後問到，可說先到日本，再至歐美、印度，已快要回來了。今天與張迪善出去，順便灌了一錄音片，由迪善寄來與安兒。

卽祝

安好

毅兄 一九五七年三月十五月

第五十三信

光妹：

我于四、五日前去紐約，前日由紐約回 Annapolis，昨日又去華盛頓至中國大使館、國會圖書館一看，並與美教育會商我之訪問考察計劃。我一週後卽先去芝加哥等地一行，計三週後回 Annapolis，住二、三週，再至哈佛耶魯等校。我與美教育會商量訪問計劃，大皆照我之意規定，到一處之車票飛機票及旅館等事皆由他們代辦，可以方便許多。現在我對一般旅途生活已較習慣，到處可有人幫忙，你不必躭心，我身體亦好，如萬一生病，亦有醫藥保險，不須我自己出一文錢。

美國人之長處是作事認眞，並樂于爲人服務，此點中國人多趕不上，卽機關中辦事者對人亦甚有禮貌，而所遇中國在外之官吏，則多只是敷衍，眞是糟糕。關于我此間用度，決不會不夠，在美國內部之舟車費約須二、三百元我可不出，在 St. John's 之房屋費亦不出，亦少了二、三百元，國務院是否可再多付款一月事我未問，但你可以查查我抽屜或箱內是否有 Weigle 與郎家恆或郎與我之英文信上說到可多付款一月的話，找著與我寄來。我亦不一定要他們多出一月，因不出房租與舟車費已多出了一、二月了，只是在萬一錢不足的情形下才斟酌，莫有必要，則少用他人的錢爲佳。

你與安兒的照片可寄我一、二張。

中國文化之精神價值五册，心物與人生四部，及人文精神之重建四部可分兩包寄 St. John's。

此地就是一人住房中，時覺天地寂寥，我想再過四、五月便可回來了。在紐約曾見羅榮莊，乃曾在新亞讀過書之女生，彼對美國生活，亦覺厭煩，謂不如香港有意味，我亦覺如此。匆候

安好

毅兄　一九五七年三月二十日

第五十四信

光妹：

我于十日前離 Annapolis 到華盛頓，二日卽去費城，乃美文化城之一，訪問其處大學及博物館，與古教堂等，四月又來紐約，今已五日，曾至哥倫比亞大學圖書館及中日文系訪問，亦參觀了此地之一博物館，並看了一 Wagner 之歌劇。此數日中所見之人亦多，故終日無一暇時。Eckart 家昨日去了，其父母人甚好，對人極親切，同去之一中國人說，彼所見之美國家庭亦少有如此好者，其父母對 Eckart 甚關念，彼等望我再去其家住數日，但我恐未必有此時間，彼等並照了一些像，說要寄與你。

今日與游雲山去訪哥大之一日人教授 Suzukl，已八十餘歲，乃在此講禪學者，美國人今有一些對禪學有興趣者，乃在此之日人六十餘年來之提倡之故。今天中午在林昌恆、袁玉良夫婦家吃飯，見了一些四川人，晚間在顧家吃飯，其妻及一些客人乃中央大學之學生。晚八時又應白馬文藝社人之約在中國留學生服務處作一次講演，回來已十二時，趙自強又來談話，今已一時半乃得抽暇與你一信。我明日擬與游雲山同至美國之第一禪學研究所一看。中午到中國城，夜間擬至猶太人所辦之 New School，與其哲學教授一談，後日即乘車至波士頓，路經 New Haven 時擬順便拜訪 Reaves 之家及 Vaill。到波士頓是去參加美遠東學會開會。所以到了現在我在美的情形又幾與在日本時差不多了，總是今日便將明日後日事皆已預定，我想再過二十日可以清閒了。

我之名片可由平信寄三十張來，在日本時日人喜交換名片故全用完了。在美曾印了一盒，但中文字太怪，幸在此大家不重交換名片，所以寄我三十張備用已夠了。匆此即候

安好

毅兄　一九五七年三月三十一日

第五十五信

光妹：

我于紐約與你一信想已收到，我于三日前經 New Haven，乃耶魯大學所在地，去 Reaves 家中一看，其父母及兩妹皆甚好，相待親切如家人，但耶魯之其他人皆未及去訪，因要趕來 Boston 參加舉行一年一度之遠東學會，擬以後再去耶魯。我來波士頓後，除參加遠東學會外，明日擬移住劍橋哈佛，但後日即將去 Ithaca。哈佛方面亦擬以後再來看與新亞有關之人。今日只與一退休之老教授 Hocking 一晤，此人已八十四歲，乃美國唯心論傳統之哲學家唯一碩果僅存者。彼曾到中國，彼住處距波士頓須乘火車四時半，昨日我與彼女兒說我去看他，但她說要她父親來此相晤，並約吃飯，今日彼上午七時半乘車十一時到。我午間與另一中國教授及他談兩小時，但別後很覺過意不去，因此老人尚要乘四小時火車回去。其女已結婚，不與彼同住，其妻已亡故，彼只一人與一侍候者。彼甚愛中國與中國文化，但覺臺灣已無望。彼親寫信與中共文化宣傳部長陸定一，要他們承認思想自由，彼把他寫去之信與金岳霖之回信與我看，問可否再寫信去云云。此人在二十五年前曾訪問中國，彼並將其在中國印之中國字名片一張帶來與我看。他之書二、三十年前已有一本中國譯本，他尚保存二本，他今日帶了一本來，他想把此一本寄中共，希望他們看了可以受感動。他今日七時半便乘火車來，並非因對我先有什麼了解，只是純出于愛中國及對學哲學者之一番情意，此殊使我感動，我想將來再來此，必設法到其家看一看。我在此二日後卽去Ithaca，打算在二十餘日內把想要看的都看了。以後卽只在耶魯與哈佛各住一星期。卽候

安好

毅兄　一九五七年四月四日

第五十六信

光妹：

任文正的信未回，我以後要回，並與新亞同學寫信。

我于前日離波士頓到 Ithaca Cornell 大學，飛機三時乃達，此大學以農工業學院出名，但亦有哲學及亞州研究部份，前韓裕文亦曾在此學哲學，故順道來此看看。來此後住招待客人之室中，較一般旅舍爲寬敞舒適。此校背冰湖，開窗便可見湖光，昨日此地下雪，雪境頗好，算來只在費城略見雪花，八九年未見雪了。

我在此曾參觀其中文部份，二教員教一學生，大約在十年前抗戰勝利後美國大學皆紛紛設中文部份，但今則研究中文者日少，蓋美人重實利。此校有旅館系，學生畢業者可當旅館經理，年薪可數萬，工理農商畢業生待遇亦好。但各大學之文法科學生畢業者皆就業甚難，故來此間中國學生亦多學理工科。聞中國學生在美學哲學者，不過數人而已。

昨日見一在此教中國文學之教授，我以為他到過中國，後來知他未到過中國，他似有慚色，可知中西人都差不多，總覺教外國之學問必須到過外國，其實在我看來，並不需要。

今日有此間之哲學教授 Burtt 在午間請我吃飯，他十年前到過中國，我與他會過二次，此人曾作一文論五十年之西方哲學潮流有三：一為邏輯實證論，二為存在主義哲學，三為東西哲學之融合，彼似為用力于第三者。

看來 Reichaier 對新亞甚好，但該校東方圖書館主持人卻不甚知新亞，亦不知新亞受哈佛燕京社之幫助，蓋外國人辦事，各部還各部，不同部份可互不相知也。我明日即便道去 Niagara 瀑布一看，後日到密西根。

我在哈佛時與錢先生一信，不知彼收到否，哈佛燕京社對新亞研究所之幫助，據其主持人 Reichaier 說，下年度決定繼續，但一年後，則將改變辦法幫助。

即祝

安好

毅兄 一九五七年四月十日

第五十七信

光妹：

昨日我到 Niagara 大瀑布去看了一看，由下午五時到月明，因適逢雪後，瀑布下之谷已結冰，遊人甚少，只有白鳥翺翔，在當時想你們正在淸晨。此瀑布雖爲天下一奇，但與長江三峽相比，還不能比，因此瀑布上流無廻旋之地，乃一直自崖上衝下，又兩傍無高山，故無深秀之趣。三峽之水由羣山中曲折而出，便有廻腸蕩氣之氣，此瀑布不能及也。

此處是美與加拿大之邊地，人種複雜，意大利及黑人不少。意大利人在此頗不好，昨日我到旅館，便有汽車夫來兜生意，到瀑布來回共十五元，但原說好是十二元，以我在那裏多留了半小時，他便要十五元，他說他只想要錢，意大利人如此，美國一般人亦如此。

在瀑布旁見一遊人是猶太人，隨便談了幾句，他問到孔子教義，他在此讀什麼博士學位，但不知孔子早于耶穌或後于耶穌，我說早于耶穌。他又問是否後于摩西，我說是，猶太人是崇拜摩西的。

今日下午來密西根大學，得由 Annapolis 轉來信並像片，甚慰，知你將遷家，不知地方是否太小。學校的事，我不清楚，只有不問，不過大家不相諒解總不好，外國人說中國無三人以上之團體，可爲警惕。

文化意識稿我帶來了。但 Weigle 與郎信曾遍覓未得，你可再找一下，莫有亦算了。即候

安好　安兒好

毅兄　一九五七年四月十二日

第五十八信

光妹：

我于密西根曾與你一信，交新地址不知收到否，我離密西根後卽到芝加哥，在該處住五日，芝加哥乃美國第二大城市，自然風景頗好，博物館藝術館甚多。芝加哥大學有一東方學系，我與其校教授接談後曾寫一信與錢牟等先生，總述各地漢學研究情形。此信甚長，但該信寄後，知忘貼郵票，乃寫一信與郵局附上郵票請郵局代貼，不知該信能否到達，可便中一問。芝加哥大學之漢學部份，第一年讀孝經，第二年讀論語孟子，第三年乃讀漢唐以下文，其次序頗同中國之舊日教學生讀書之次序。

芝加哥住五日後，曾去意利諾大學二日，適逢放假，未與該校教授接觸。我去之意重在看看韓裕文之墳及所留之書，其書決捐贈新亞圖書館，大小有二百册左右皆哲學書也。已交四十元郵費請該校一教員包裹寄港，想一二月後可到，以後當要學校貼裕文像片于書中以爲紀念。

我前日由意利諾大學回芝加哥，今來 Iowa。此地大學有梅貽寶任東方文化系主任。此地爲一小城市，周圍皆農業，故一切皆較安定。昨日梅貽寶夫婦等帶我至一鄉村，該處原爲德人聚族而居，初行共同生活制度，人皆無私產，今則已改變，但仍重手工業，出品之價皆較機器生產品爲高。昨晚中國學生有一歡迎會，亦頗親切，皆由此地安定之環境使然。今日尚有二處約會，明日卽再回芝加哥。到 Berea College，在 Berea College 住三日還要再回芝加哥，因五月二日至四日有美哲學會于芝加哥開會，擬俟此會後卽回華盛頓轉 Annapolis 休息矣。

研究所之六十元，我想是唐端正之指導費，我走後唐端正由錢先生指導，該款我想不好收，仍還研究所爲宜。

此間有一女生姓王，擬寫信至大陸，其回信欲由香港轉，我答應由你轉，如有信來可寄我，我再轉去。

我的身體還好，你們可勿念，我想營養關係甚重要，你不要太儉省，如錢不夠用，可暫用六妹之錢，以後再還她。安兒之信及你之信皆由 Annapolis 陸續轉來，匆此不一。即候

安好

毅兄 一九五七年四月廿二日

第五十九信

光妹：

四月十七日信已于昨日收到，搬家後疲勞不知已恢復否。我于三日前來貝利亞，乃美國中南部之一較小之 College，此間學校專收附近山區二百數十縣之較貧苦之學生，只有十分之一可收遠地學生，學生皆在校中半工半讀，學生無學費，但工作所得之金亦較他校爲少，學校有各小型工廠，女生織布作麵包，男生作掃帚及其他，共有工作六十餘種。

此間學生一年只須三百餘元作伙食及零用，教師待遇亦不過一月二三百元，美國生活各地不同，在此地一人一月一百元已儘多。此間學生有時家中兌五塊錢來，已高興得不得了。

東海大學是仿傚此校之工讀生制度，此間之教授有去過東海大學者，此校校長曾在中國雅禮任教一二十年。我來此三日除看各小型工廠外，亦訪了一些學校當局，知此校有一特殊精神，故來此參觀者極多。此間有宗教及哲學系，其系主任昨講西洋哲學史，一定要我爲其班上學生講幾句話，勉強講了約十分鐘，彼與其學生皆尙有興趣。來此二月我的英文講話有些進步，大約談談哲學尙較易，然亦不能作正式講演，此非多年練習不可，但亦無此必要。

計來美國已看了十九個大學，由港到此飛機上下了十六次，明日還要飛芝加哥一次，再飛華盛頓一次，共十八次，火車上下八次，汽車數十次，幸身體尙好，但回華盛頓後，卽至 Annapolis 休息。

我明日到芝加哥，是因參加美之哲學會中部年會，此會將于五月二日至四日在芝加哥大學舉行，我想去看一看，以便知美哲學界情形，大約五號卽回華盛頓。

王貫之登載我文章，應載明出處較好，因可使讀書感到有問題時，進而求原著。此間梅貽寶之中國哲學名著翻譯計畫，乃自上古到近代，在近代中，梅原列有熊、梁二先生，但因經費尙無著，故一時尙未進行耳。不一，卽候

安好

毅兄　一九五七年四月廿七日

安兒：

你得了壘球冠軍亦很好，不過要讀書成績好，才算得眞好。你問我對西餐如何，我現在還是不大喜歡西餐，不過亦常有機會吃到中國飯。你要聽媽媽的話，並常與阿婆寫信，我到各處旅行時與你買了一些畫片，將來帶回給你。

伯伯　四月廿七日

第六十信

光妹：

我于前日又由 Iowa 回到芝加哥，擬俟此間哲學會開會後卽回 Annapolis。我在其處住一月半，以後或再去 Yale 及 Harvard 與紐約一行，便動身去歐。我之身體甚好，因無什麼特別用心的事，你可勿念。你遷居新居是否空氣較差，可以多到鄉間走走。到五六月間我想託王書林向大學教科書編輯委員會預支我之哲學概論一書之稿費三千元，你可以拿來用。將來兌千二百元到歐洲蕭世言處轉我，以便買點書。稍緩我卽寫一信與大學教科書編輯委員會主席張雲交涉此事，所以你不要怕無錢用而過度省儉。

我與胡漢及錢先生信可加封轉去，今寄與你，你亦可看看，可知一些情形，

餘不一一，即候
安好

毅兄　一九五七年四月卅日

第六十一信

光妹：

我于前日由芝加哥回 Annapolis，你所寄此之數信均得，柳翼謀之文化史本無上册，牟先生之書似是毛以亨借去。名片不要再印了，我此處印者亦可將就用。鮮季明要湯用彤之魏晉南北朝佛教史，你可以到彌敦道三友書店買一部寄他，又他要太虛之法相唯識學，你看書店有無單行本，如有亦買一部寄他。

我的人文精神之重建再四部一包，心物與人生及人生之體驗各五册合一包，人生之體驗三册，人文精神之重建二部及中國文化之精神價值三册合一包，理之六義與孟荀之言心各十二份合一包，于五月廿日後，一併寄與蕭世言轉我。

我來此後，到處要麻煩人受人招待，便只好把書送人作爲還答，想將來到歐洲亦難免此，所以只有先行寄去。我因各處跑得太多，故用錢不少。如在一處定居，則可只用三四分之一，最貴是旅館與交通，通常旅館皆須五六元一日，交通費則無定，如坐 Taxi 有時半小時的路程卽須四五元。現在我回到 Annapolis 便覺一天只要三元亦儘夠了，吃東西如橙汁在飯店中者與水菓店所買者要差三四倍，今日買一磅多橙汁才二角錢，牛乳一磅亦才二角，覺得一切東西便宜得不得了。我想在此住一月後，再去紐約耶魯等處。七月初赴歐，主要是看看，不重在開漢學會，因我來此已開了二個會，並無多意思。我已寫信與孟氏圖書館之大學教科書之編輯委員張雲先生說要預支稿費四五百美金的事，如果可能便請他六月底交王書林轉你，屆時你請伍先生買滙票兌歐洲，兌多少以後再告訴你，二三百已足矣，我想有多的錢便買書。

我有許多事你可以不要躭心，在旅館中我每日皆洗澡一次，因室中有浴室，乘飛機等事，都是先作準備，我的東西並未遺失一樣，三枝筆都還在，走路亦小心，你不要躭心我，因到此來未看書寫文，只是管一身，是很容易的。

李先生的介紹信不是必要的，我亦記不清他說要寫的事了。佘慧文考上羅富國甚好，但她不去德國的話，劉裕略處要去說明，不然對不住介紹人。Weigle

之信已收到。

教學生的事，亦只有隨緣，香港這個地方，氣太散，不比臺灣。學生功利心太重，亦環境使然。從前我父親在第一女師教書，說袁玉良最好，但前次在紐約看見她，她與其夫皆作與學問不相干的事，亦就完了，不過袁爲人總還很好而已。此外我父親教的學生，與我以前在中央大學的學生亦有一些好的，但環境變遷，亦皆不知如何下落，教學生亦與作事相同，只能盡人事聽天命。即祝

安好

毅兄　一九五七年五月七日

第六十一信

第六十二信

光妹：

我現在需要辦到歐洲英德法等地的簽證，我在香港時照的辦護照的照片，記得家中還有，請你寄十二張來。我已編好之中國人文思想之發展論文集，似在家中，你可打一電話問金達凱民主評論是否已得亞洲基金會幫助可出叢書，如可出則此書可交民主評論社印，望印老五號字，儘早排出。本來此書胡欣平答應印，但因人類文化道德理性亦要他們印，恐時間太慢。而此書之文一半在民主評論登過，一半在祖國登過，本來任一處印均可，如民評不能印，請卽函告我，我再寫信與胡欣平。

我之性格不適宜于在今之時代辦事，如果在太平之世，我可以認識各種人之長處，可以讓人各得其所，當一太平宰相亦可以，但在此亂世，到處有衝突矛盾，顧此則失彼，故我不宜于作事，只有在夾縫中過活，如在中央大學、江南大學都是在夾縫中，中央大學哲學系主任及江南大學之教務長均作不好，卽因此故。

新亞學報第一、二、三期要學校各寄五本與 St. John's College，有些此間之漢學家要此書，我想選擇分別贈送人，亦可以廣宣傳，卽候

安好

毅兄　一九五七年五月九日

第六十三信

光妹：

你九號之來信已收到，你能看看近思錄甚好，母親有來信甚慰。我回此已一週，三月來從未能如此靜居之久者。但一人在此又太寂寞。此間學校雖重西方學術傳統，但乃重在語言與科學方面，對西方哲學文學名著雖亦重研讀，但似不成線索，我偶爾到他們之討論會，但亦未講什麼。在其他地方還多有講話的時候，此間反莫有，因他似不要求外來者參加討論發表意見，亦無甚對中國文化及哲學之興趣。所以我想到月底後將仍去紐約那邊，比較文化空氣濃厚。此處是一小城，只一二萬人，除此學校外亦莫有什麼可看的，但你之來信仍可交此。

我在此數日把文化意識與道德理性之一章改了，擬不日郎寄來，恐須一月才能到。因改此章故原存家中此書之目錄亦要改，你可找出目錄把第四章第四節，在客觀的權位之來原下加「及尊位及賦位之意識」九字，又十一節君主專制、貴族政治、民主政治之高下改爲「君主專制、貴族政制、民主政制之高下」。葉龍寄來之書二包已收到，看來寄書一月卽可到，所以寄歐洲之書亦可緩至五月底再寄出，我大約七月才到歐洲，漢學會議我不一定要參加，因來此已參加二個會。七月還有一個泛美哲學，可以去看一看。

學校的事是因缺人格上之互相了解與信賴，中國五六十歲這一代的人都嫌意氣與世故太深，所以一切事弄不好，還是只有希望下一代。張君勱先生謂要振奮人心須先有一學術文化宣言，他要與我及宗三復觀同發此宣言。他與宗三復觀都來數信要我先起草，我緩日當寫一個，再由他們斟酌決定。此宣言是對世界說的，將先由英文發表，不過不知何時定稿找誰翻譯，亦不知何時才能發表，張說或者由他任翻譯。卽候

安好

毅兄　一九五七年五月十五日

第六十四信

光妹：

安兒及你之信與像片均已收到，我之文化意識與道德理性已改完，前日寄出，想一月可收到，是寄交新亞的。我想我之二部稿連外一信，你可自己或囑學生送與胡欣平，或要學生先送，你以後再去問問結果，希望他能先排印人文思想之發展，或文化意識之第一部之八九萬字，因其印刷廠不一定一時都排得完，到一月後所寄之稿即可到。照他以前說，現在在排牟先生之書，恐怕一時還不能排我之書，只好等以後了。

文化意識一書，以便與牟先生之書配合，此點我都在與其信上說明，你可順便一提。

錢先生昨日又來一信，說他到明年後不能再任院長，望我繼任，並說已與郎家恒等說了，我明日當回他一信，謂決不能繼任，因現在一般知識份子所求者多，意見又不合，我之性格又喜循情面，對各方都要顧到，結果各方都顧不到，只是自苦。以前中大及江大之教訓，至今尚未忘，故決不能繼任云云。不知他究竟是怎樣一回事，學校今天怎麼樣了，我想大家都有可同情處，亦有不對處。

我擬六月四日去紐約，于斌要我作一次講話，九號到耶魯，十六號後再回Annapolis，前數日已寫了一文，本擬作與張、牟、徐等同發表之宣言用，但體裁不像宣言，又太長，有三萬多字，還須細細改才行。

新亞學報之文之綱要，稍緩再擬，其實他們可先拿去印，英文提要是附後面的，稍緩亦無妨。我之錢在此間儘夠用，到歐洲是否夠，不知道，不夠時當函告你，我已寫信與張雲說支稿費的事，六月底時可以去問一問，匆候

安好

毅兄　一九五七年五月廿三日

第六十五信

光妹：

二十六日信已收到，你前所寄像皆已得。

在數日前我與錢先生一函並附有一在雅禮協會開會時之一講稿，要他請伍鎮雄翻譯以便臨時宣讀，並不很長，不知他已交伍否，你可打電話與伍先生一問，最好譯好早點寄來，因我或尚須有增改處。

我五號去紐約，在紐約四日，即赴 New Haven 在其處住一星期。此二十餘日皆住在 St. John's，未看報，一切事皆不知，昨日赴馬里蘭大學之會議，會中之中國人乃閒談及臺灣之事，皆謂美國不知中國文化，對美兵之審判不當如此。昨夜二時乃回來，今日即得你之信亦言及此，我到紐約後可再找報紙一看，可知詳情也。

我之文係寄新亞，此外尚有三包書亦寄新亞，恐一月後乃能收到。錢先生處我後來又與他一信，要他卽與郎家恒等說明我決不願繼任其職，因新亞之人現在並無一番眞精神，我亦並無眞朋友在新亞，故事情決作不好，而且學校自身無基礎，一切賴美國人亦非辦法，美國人並不可靠，因畢竟是另一國家之人。我在此亦只是看看，並不想多與美國人生關係，向美國人要錢既不容易，亦失國格，而新亞之人現只想新亞能向美國人多要錢，我亦無此興趣，一切俟回來再面談！匆候

安好

毅兄　一九五七年六月一日

第六十六信

光妹：

我前日離 Annapolis 到華盛頓辦赴歐簽證，希臘及德國的一天就辦好了，意大利及西班牙昨天亦辦好了，但英法比三國的只塡了表，據云須寄該國外交部批准，恐須四至六星期。其中意希二國都未出費，希臘出費四角，德二元，我想在七月半左右卽自此動身，如英法簽證未來，卽只在該二國過境可住二日不須簽證，隨便看看算了。實際上各地方之房屋山川亦差不多，多跑亦無意思。數月來未看書，所得不償所失。德國漢學會議，不知在何時，該會亦無正式通知來，可便中問問王書林先生，請王先生一問，如開會在八月底，我就不一定去了，因我想在八月半卽到意大利希臘看看，八月底至遲九月初卽回香港了。

我前日與錢先生信，談到要校中寄美金三百元來以便在紐約及倫敦舊書店買一些西方經典及哲學書，你可以再問問王或沈先生是否可寄錢來。前韓裕文之書之寄費是我代墊付四十元，又另已爲學校買了三四十元之書，所買之書如將來學校不要我自己亦要，現只望他們先滙三百元掛號寄交 St. John's College Weigle 轉，希望在六月底或七月初寄到。

亞洲基金會張雲來信說編書之錢不能預支，想是預算關係，我之錢算來在離此赴歐時尚可餘二百元左右。歐洲生活比較低，屆時如錢不足，我再通知你。甯挺生夫婦遊歐洲各地，只費二百元云。

我是昨夜再來紐約，擬在此住至九號即去 New Haven 住一星期，大約二十號回 St. John's。

前擬請伍先生譯之講稿，不知已寄出否，如尚未寄出，則不必譯了，我可另請友人代譯。即候

安好　安兒好

毅兄　一九五七年六月六日

第六十七信

光妹：

我在紐約曾與你一信想已收到，此十日中因特別忙故未與你寫信。前在紐約于斌中美聯誼會講演了一次，在紐約住四日卽來 New Haven 乃耶魯大學所在地，來此後與雅禮協會之人曾分別聚會談話，昨日爲雅禮協會之年會，已決定新亞與雅禮之合作五年期滿後仍繼續，並設法進行第二期之禮堂及宿舍建築。

雅禮協會方面，有人以新亞對教會有敵意（其中或有人望新亞成爲教會學校亦未可知），故一些外邊人不大願捐款。有一日開會，我說明新亞初本是以中國人文精神爲主，對各宗教兼容並包，任學生自擇，自不同于一般教會學校，但亦非對某一宗教有敵意云云。昨日開會，最後之公開會，由凌道揚及郎家恒與我各作一講話，凌自稱其校爲基督教學校，但郎家恒說話，則對新亞甚好，彼謂今之教會學校甚多，但講中國文化者只有新亞，眞正中國基督教徒亦當由中國文化中生長出云云。我之講話則以孔子與耶穌對比而說。講稿是先由伍先生譯爲英文，我又刪改了一些，就照著講了一遍，但人均能聽懂。郎家恒夫婦及其他人皆以爲講得很好，因有內容與感情之故。我來同雅禮協會人接觸，仍可使他們對新亞印象更好一些。

朱學禹前日特來此看我，彼距此須乘十二時之車，彼昨日亦赴會，昨夜回去，他臨時來，無形中成了新亞畢業同學之一代表。

我前在華盛頓中美圓桌會議上遇見柏實義，他是沙坪壩柏樹村中央大學宿舍的鄰居，現在 Maryland 大學任研究教授，彼之小孩皆已長大，我在其家住了一夜，他與太太並問候到你。

我明日卽由此回紐約轉華盛頓回 Annapolis，卽在那裏休息，等英法之簽證來卽離美。在此現已無什麼特別的事，只是還要到國會圖書館去看是否可爲新亞圖書館募集點好書。

我在此買了一些舊書，已分別寄回，大約寄你的前後共九包，寄新亞圖書館的共四包，但寄你的之中亦有爲新亞圖書館買的，以後我回來再分開。

新亞若同意寄三百元來買書，務須在六月底或七月初寄 Annapolis 否則我之錢不夠，亦失去買書機會，你可問問他們。即候

安好

毅兄　一九五七年六月十七日

第六十八信

光妹：

你交 New Haven 之信，黃先生已轉來，校中已允寄款來購書甚好，此間買書較香港便宜三分之一，但包裹郵寄較麻煩。我近日已在此間書店買百餘元之書，一部歸學校，一部我自用，已分別包裹郵寄學校與你，但皆未掛號，想當不致有遺失。

我前次與你之信中曾附一信與胡欣平，不知已交去否，我之二書稿可交與之，所缺之一部份想不日可達香港。新亞學報上我之文之內容今記不清，但憶諸小標題合起來已不下百字，可囑陸耀光或唐端正將諸小標題連續成百字之文寄來我一看，如時間來不及，則請牟先生修改一下卽可，我在與錢先生信中已言及此事。

我之錢儘可足用，只要學校三百元兌到，把我墊之款付還，則歐遊之費已差不多，如以後要時再寫信與你，匆候

安好

毅兄　一九五七年六月廿日

第六十九信

光妹：

我于四日前回 Annapolis，你們之信因轉去 New Haven，今日又轉回，滙票已收到，緩日當去取。彭子游、任文正、葉龍、蕭欽松等同學之信並見到，對畢業同學我應說幾句話，數日內當寫一較長之信與他們，可先告他們。

我現在已莫有什麼事，只是等英法比之簽證通知，還有七月八號至十二號有一泛美哲學會在華盛頓開會，或者去看一看，如簽證通知來了，便早走，因 St. John's 已放假，我一人住一層樓亦無意思。

我回來之行李，國務院說可加三十磅免費，或者我之一箱當直由美運港，其中之存物有三四樣是另一朋友託我帶的，此朋友曾代我翻譯文章，是新認識的，我之書籍大約由郵寄，存物不會過重，卽不由郵寄了。

Eckart 的父母人很好，彼又送我一對筆，彼前望至其家住，但我不能去。

我來此雖東跑西跑，但尚未掉東西，前天忽想起護照掉在耶魯宿舍，今日Vaill 來一電話說已找着，卽可寄來。

黃開華所寄新亞學報未收到，不知究竟寄沒有，可便中問問他。

稿子既已交友聯，卽暫時不要問，看他們如何決定。

錢先生的事我一直未答應他，我並曾寫信說，已所不欲，勿施于人，如他實不願任，則以後任由董事會決定，我不任我亦不能勉強他擔任。教務的事我主張請揚先生擔任，如此則我以後可不任行政了。

在此間完全不知陰曆，母親生日及端午節全不知是那天，只是夜間有時見月圓。西方人不知陰曆，使月之圓缺都失去意義，其實亦不好。卽候

安好　安兒此期初中畢業，升高中要不要考？

毅兄　一九五七年六月廿六日

第七十信

光妹：

昨日寫了一告新亞畢業同學文，可要陸耀光以複寫紙抄一份交與人生同時刊載，此稿你可以看看，是否有不妥之處及錯字，新亞學報已陸續收到五本，想其餘當可即收到。

圖書館的信尚未寄來，人老了作事慢，可以一問伍先生。實際上去買書及向圖書館要書，亦要費我不少時間精神。即祝

安好

毅兄　一九五七年七月四日

第七十一信

光妹：

你與安兒之信皆已收到。校中致書店及與國會圖書館信已寄來，我擬明日去華盛頓國會圖書館，三、四日即回來。

我之赴比與英之簽證亦擬明日去華盛頓辦，但法國方面尚未回信。聞現在到歐州飛機甚擠，因此間人多有要去歐州渡暑假者。我想二十號左右去倫敦，如你十四前來信尚可收到。

安兒高中究竟讀文科或理科我莫有一定的意見，不知彼對化學物理數學之興趣如何，如眞有興趣，能學理科亦好，在百年以前中國之學者亦都是學理科而兼具文科知識者。文科知識可以自己學，理科則一定要在學校學，所以我亦不反對安兒學理科，但是她要眞有興趣才好，不要只是因同學都學理科所以就學，這要她自己才明白，可以問問她，只要眞有興趣，學理科亦可訓練自己之心靈更沉靜細密有條理。

我最近一個多月，因不大動，故用錢較少，到歐州時當尙餘三、四百美金，儘可夠用，或尙用不完，當買點書。我之衣物可以由飛機帶，書籍大均郵寄。前在紐約時，託人寄衣服三包不全是我的，是朋友託我帶轉別人的。我寄你之書，前後共十三包，離此時再寄三包。

頂多到八月底至遲九月初我卽可回來了。

我在香港時曾印有一種名片，是寫有香港大學及新亞書院銜的，如果方便找，便由航空寄四、五張來，又我之像片亦再寄六、七張來。

劉裕略說要德國學生來接我，我想亦可以，因有學生接方便一些，你可打電話與他請他告訴你學生的名字，我到柏林之前可寫信與那學生。我可臨時酌定。如有他人接我，便不麻煩其所介紹之學生了。你在月底寫信給我，卽寄蕭世言轉我，卽候

安好

毅兄 一九五七年七月七日

第七十二信

光妹：

我昨日來華盛頓，看看此間泛美哲學會開會情形，並辦到英比的簽證，明日可辦好，飛機票已定了，二十號去紐約，二十三由紐約去倫敦。

我今日到國會圖書館洽贈書新亞事，以後當可寄一批文史哲書與新亞，數量多少尚不能定。國會圖書館藏書最多。我今日已決定遷入華盛頓城住，以便到該館看書，已租了一屋，每週八元，與嘉林邊道之一間屋差不多大小，如住旅館則同樣之屋要四、五元一日。以前到處住旅館，錢都用到旅館與車費上了，早知有此辦法，租屋則可省許多，我所定之屋是

Prof Chun-I Tong

No.16 4st. .N. E.
Washington D. C. U. S. A.

你來信可交此，我大約十二號卽遷入，本說十三號遷入，但房東說，十三號不吉利，聞美國之房屋，大多無十三號，可知迷信到處皆有，卽候

安好

毅兄　一九五七年七月九日

第七十三信

光妹：

我移入華盛頓已四日，赴歐手續大均已辦好，只法國簽證尚未辦好，以其政府通知尚未寄來，如辦不好則法國不去亦可，因地方已太多，時間亦來不及，這幾天我在國會圖書館看書。

我飛機票是定二十三日由紐約去倫敦，如無他故當不致更改，倫敦住一週，去比利時及瑞士再到德國，由德至意大利希臘。

我今日已將一箱送交國務院，約二、三十磅重，其中裝有我之大衣及其他衣物與中國畫影印者十二張，朋友給我之信，莫有什麼特別重要的東西，大約二十四、五號左右卽由此空運香港美國領事館轉交伍先生交你，你可打電話告訴伍先生請他代取，你可與他運費。我現在的行李只有一皮包及一帆布袋，比較輕鬆，我想到歐州行李愈少愈好。到歐之地方雖多，但亦不會比在美國所經之地方多，你可以不要躭心。我八月底至遲九月初卽回來了，卽候

安好

毅兄　一九五七年七月十七日

第七十四信

光妹：

十三日及十七日信均收到，名片及像片亦併收到，像片如加印得有可再寄幾張至蕭世言處，因恐以後萬一要用。我曾問一隆昌人曾君，他說不知韓潔中之弟之住處，恐不易打聽，因此間無中國人之全部名册。我可以再託人問，我想韓潔中最好直寫一信至民航大隊一問。

我之一箱由國務院直運美領事館交伍鎮雄，頃已寫信告訴他，請他屆時代取。此箱之鑰匙，是用小布包捲掛在箱子上，你可解下來開箱，其中除大衣、晨褸、西服外，其餘是別人託帶的東西。

友聯出版社方面，我仍望他們印我的文化意識與道德理性一書，可以今年印一半，明年印一半，分上下二册出版，他們已答應印。以後他們來拿稿時，可再與他們一本。人文思想之發展一書，卽由我另外設法印。

彭子游、胡栻昶等又來了信，我未覆，因後日卽將離此，我現在之住處很好，每日可去國會圖書館查書。我的錢有多的，你不要躭心。卽祝

安好　安兒好

毅兄　一九五七年七月廿一日

第七十五信

光妹：

我今日晨離華盛頓，一時飛機卽到紐約，現在機場待下午四時飛機去倫敦，大約明晨可以到倫敦。

去倫敦後卽去比利時，法國方面恐不去了，因簽證未辦好，不過不去亦好，因時間不多，到德意希臘瑞士看看亦夠了。實際上各處城市山水都差不多，亦莫有什麼特別意思，不過旣來美便順道到歐州遊歷一趟。

要了解人類精神，還是靠書，因只有書可表達人之內心。人之外表生活亦都差不多。

焦作民昨日來一信，彼謂楊造要他翻譯我在日本之講演集，他說他看了頗有感動，故來信問候，彼之意亦甚懇切，但我亦未回他信，你見彼時可以說一說。同學們來的信，大均情意尚好。我並不一定有許多好處，但同學之情意總表示人心之嚮往他人之好處，此仍足資感動。此中重要的不是對我個人，而是對一種理想。

我在華盛頓住處之房東已七十九歲，靠收房租過活，他有兒子媳婦，皆不在一處住。美國人之年輕人得意，老人則多孤獨，此亦不合理之處。

此信紙到此已不能用，故寫此數行。即候

安好

毅兄　一九五七年七月廿三日

第七十六信

光妹：

我于前日離紐約，昨日十時到倫敦，一切均好，勿念。

昨日來此時機上遇見一印尼的中國學生，其祖父是福建人，在美讀書，但他已不大能講中國話。昨日與彼到倫敦各處走了一遭。初次一般印象是在此之英國一般人民與在香港之英國人大不相同，比較樸實得多，街上的人穿的衣服大均似是多年前的，很少人之衣服是新製的，汽車皆老式，街上尚有馬車，屋房亦多年來未油漆，色彩陳舊。英國比美國之富是遠不及，此西方之老大帝國看來亦甚可憐。其十九世紀之光榮是已過去了。我們住在一名Shire之小旅館，頗清潔，較美國之旅館為便宜。大約一般生活皆較美國為低，我擬在此住一週，即去比國。

在美國一切皆趨新，故不覺其是有歷史之國，來此則覺有歷史感，因有陳舊之房屋及古老之建築。匆此，即祝
安好　安兒均此

毅兄　一九五七年七月廿五日

第七十七信

光妹：

外一信可平信交出，有單據與沈先生一信可轉去。

我來此已一週，到博物院及書店所費之時間不少。昨晚曾去看一芭蕾舞，此種舞蹈之長處在動中有靜，蓋由希臘彫刻變出。倫敦天氣極少晴天，但不熱，今尚如在秋天，可禦夾衣。此間之中國人亦看見一些，無甚意思，只羅文錦之女兒及女婿乃二青年尚純潔，其女兒曾在港大旁聽我之課，她說她聽了回去即講與其父親聽，其父說其不能了解語言，否則亦要來旁聽云云。又問安安讀什麼書，將以此教其五歲之男孩。前日到牛津來回三、四百華里是他們夫婦開車去的，今日下午去劍橋仍由彼等開車去，亦來回有三、四百華里云。羅本爲何東女婿，但其女兒則尚樸實。她討厭牛津之學生自高自大，謂將來男孩長大決不入牛津，亦算有不同一般人之見解，此可說與安兒聽。

我在此住至八月二日即去比利時，巴黎之簽證昨天到法領事館辦好了。因負責簽證之法領事適爲曾到過四川者，見我所塡表是四川人，遂與我談四川的人，簽證亦馬上辦好了。所以巴黎還當去數日，即祝

安好　安兒均此

毅兄　一九五七年七月廿九日

第七十八信

光妹：

我在比利時與你信想已收到，我在比住五日，只到 Lanvain 看看，與一些學生神父談談，另只在 Waterloo 戰場一遊，乃拿破崙打敗仗之地。昨日下午五時離比京，六時半即到巴黎，住近博物館之塞納河畔之 Voltaire 旅館。河邊有書肆，乃以小書櫃放書置河欄上，看來巴黎較有藝術性，但並不覺繁華，街上汽車亦不如紐約倫敦之多。今日至中國大使館及聯合國文教處一訪問，經許多街道並不見許多汽車，故你不必躭心汽車的事。我擬五、六日後即去德轉意大利。蕭世言在思想與作人方面尚有進步，他在比生活甚苦。匆候

安好

毅兄　一九五七年八月七日

第七十九信

光妹：

初到巴黎時與你一函，想已達覽。

我來此已六日，巴黎是較英美爲有文化，博物館及古蹟名勝甚多，亦頗有趣味。我來此六日亦時有人招待導遊，比較方便，但此數日來弄得頗爲勞倦。今已定明日卽由此去瑞士再轉德國 Munich，飛機票可不需加錢，這樣多看一地方亦好。大約在瑞士二、三日卽去德住數日便到羅馬，你如有信，可交

Prof Chun-i Tong C/O Rev. mo Monsignore Lo Kwong Legation de Chine Pre's St. Siege Via Giouanni Seuerano, 35 Rome, Italy

毅兄　一九五七年八月十二日

第八十信

光妹：

我昨日晨離巴黎，十時半卽達瑞士日內瓦，遇天雨，下午曾至 Lossan 及 Motroiun 二處一遊，歸來時天較晴朗。瑞士風景算是歐洲最好的，遠山尤可觀，但日內瓦湖中無島，實遠不如太湖、洞庭湖之有趣味，山之層疊，亦不如三峽中所見者之多。我擬今日下午或明晨卽去 Zurich 轉德國 Munich，再到羅馬逛一逛卽回港了。我身體尙好，你可勿念，卽候

安好　安兒均此

毅兄　一九五七年八月十四日

第八十一信

光妹：

我在日內瓦曾寫一信與你，但遺失在航空公司，不知是否有人拾得置郵局中寄你。

我于昨日離日內瓦，卽來瑞士之 Zurich，是一工業城市，無可看者，遂于昨日下午卽乘車來 Lucern。此處風景甚好，今晨曾乘纜車至山頂，有七千公尺高，車子是懸在繩上上去的，山上風景尚好但甚冷，下山後卽順道來 Alpnach-stael，是一小鎭，傍湖邊，卽定一旅店住下。現在日內瓦等大城皆遊人太多，旅館極難找，價亦甚貴，此處還不到二美金一日，亦甚乾淨。隨便到外邊鄉間走走，過路的人很少，看見時都招呼，但全不懂話。瑞士有三種語言，西部法語，南部意語，此處乃東部說德語，不過旅館中人多能英語，所以行路尙不困難。所遇歐洲人當中比利士人與瑞士人最和善，蓋皆小國，不好戰爭，瑞士素爲中立國，故人民更和善也。不過其他國之一般平民亦皆尙好，此與到亞洲非洲之歐洲人不同，大約到亞非殖民者，初多爲本地無恒產無恒心之人，故侵略心強。至于住本地的人則大皆能安土者。易傳說安土敦乎仁故能愛，確實不錯，人跑地方多了，總不如安士者之厚重。我明日卽赴 Munich 住三日卽赴羅馬，我月底可回香港，可便中告錢、伍等先生。

卽候

安好

毅兄　一九五七年八月十五日

第八十二信

光妹：

我四日前到 Munich，我因得你信說黃學孔在慕尼黑大學讀書，故寫一信要他來接，不知彼乃在 Koln，距 Munich 十二小時火車，彼得信竟與彼一同學趕十二時之火車來 Munich 陪我三日，我說以後彼二人之車票錢由我回港後付與其太太。

黃爲人聰明能幹，其父爲黃子湘，曾在成都任校長等職。我在慕尼黑（爲德第三大城，亦爲德之文化城。）住四日，只到慕尼黑大學。該大學一中國學教授爲該處今年所舉行之亞洲學會秘書，云開會時間在本月二十八日。亦看了幾間博物館，大約德國近年來進步乃歐洲國家中最快者，德國民族乃最富向上精神者。

因時間關係，其他處亦不暇再去。表面看歐洲各大城市亦差不多，亦實無趣味多看。故于今日下午五時卽乘機來意大利米蘭 Milan，現住 Grand Hotel，擬明日下午卽乘機去羅馬。今日飛機飛過 Alps 山到意大利境時乃注意天上之雲。在英德法皆不覺天上有雲，英德之天氣尤多沉鬱之時。意大利之天色則較明朗。意大利人似較懶散，街上亦不乾淨。最乾淨者莫如瑞士，但太乾淨亦使人不舒服，如玻璃太滑則人坐不穩。故意大利與法國之較髒反使人覺停住得下也。我在意大利住五、六日，卽去雅典一、二日，便回來了，卽候

安好　安兒均此

毅兄　一九五七年八月十九日

第八十三信

光妹：

今日下午七時抵羅馬，在落日時飛機下降羅馬城，今尚保留古城意味，路上見許多頹敗之牆，電車道上亦有青草，頗似舊日南京。我在此住三、四日即去雅典。匆候

安好

君毅 一九五七年八月廿日

第八十四信

光妹：

我今天去訂飛機位，已定于二十五日由此去雅典，二十六日由雅典至土耳其 Istanbul，于二十七日下午七時三十分乘 PAA Flight No.2 號機由 Istanbul 直飛香港，中間只于 Bankok 停一會，于二十九日半夜一時三十分由 Bankok 至香港。我看表上所定應于二十九日晨八時二十分卽達香港，你可請伍先生打電話一問，便可確知也。印度因簽證未辦好不去了。

匆候

安好　安兒均此

毅兄　一九五七年八月廿四日

一九五九年（美國：參加夏威夷第三次東西方哲學學人會議）

第八十五信

光妹：

我于昨日傍晚到夏威夷，一切安好勿念。今日已移住于宿舍中。前日晚到東京，當夜即轉夏威夷，昨晚乃到，故在飛機上住了一夜，不過昨天日子還是二十號而已。在機上共二十多小時，故頗倦。

如見李杜可向他說，我已與錢先生說過了，錢先生對他印象尚好，但是否留尚不能決定。

與母親信可只說到太平洋檀香山，不必說到美國。

我在東京上機時，無意間見謝幼偉，正在一排位上，多一人談話，飛機住一夜，比較不寂寞。

Moore 已見到，他一人開汽車接來此開會之會員。今日彼又是一人兩三次來往幫會員遷移宿舍。我與謝幼偉都以爲怪，何以不用一人爲助手或工人，此種經濟辦法，實不經濟，彼當作之事正多也。

即候

安好　安安要聽話

君毅　一九五九年六月廿一日

第八十六信

光妹：

五日前與你一信想已收到。到此七日幾乎每日都在開會，開會時除基本會員四十人圍坐外，尚有參加會員及學生等參加坐在四旁，共約二百人。基本會員中包括十四國家，但以中、印、日、歐、美者爲多。日本人多爲東京大學教授，一爲來自美之鈴木，已八十九歲，此人以講禪宗名于世界。

語言方面，日本人及印度人講話很難聽，其發音似尚不如我，我曾二次發言，看來我的英文說話並非最壞的。此次請的人雖多是代表性的哲學家，但談話內容亦莫有什麼了不得，討論時亦常越出範圍，不過大家都相當直率，有問題卽問，亦不忌互相爭辯，印度人尤喜堅持己見，一點不讓步。衣冠方面亦無人講究，印度人之衣服尤樸實。看來此四十日之會我可適應下去。比我前年在美所參加過之亞洲學會、哲學會之類有意思得多。不過會中中國人都比較涵蓄，亦不像印度人之處處爲自己之文化與哲學辯護，所以西方不必能由此增進多少對中國之文化及哲學之了解。

中國哲學課我莫答應教，不過仍排有我之名字，將來或者去參加討論，實際上有的日本人比我英文還壞者亦在教，謝幼偉亦在教。

我住的一宿舍尚好，但窗外卽馬路，所以有點吵。前幾天買了一茶杯，並借了一茶壺，可以自己燒茶。吃飯要走一、二十分鐘，只有西餐，但時有中國人請吃飯，卽候

安好　安兒均此

毅兄　一九五九年六月廿六日

第八十七信

光妹：

你之信與港大之聘函已收到。我的論文已于前日夜讀過，連討論不過一小時，會後有印度人及德國人極稱讚，其餘的人亦很重視我的論文。Moore 任主席曾對大家說我三次寫信表示不願來，因英文說話不行，結果三個月工夫，請了三人教英文講話，今亦不比他人壞，昨日報紙謂此事極引人注意云云。

六星期開二十次會，重要的只是此四十人各講一點鐘，我的已過去了，以後可以只是聽聽，少發言亦可。

我在此用不了許多錢，據十七日之經驗，一日平均八元已足，四十日用三百二十元。會中之津貼共七百七十元，連原之六十元，故尚可餘五百元，亦莫有什麼用場，我想你與安兒可以用此錢作到日本的旅費，昨日已有此間日本人代我辦到日本簽證，我想只要學校莫有什麼特別的事，即在日本再停十天或二週，你與安兒可先向移民局領一回港證，我另寫信與日本友人請其寫信介紹你們到香港日本領事館辦簽證，你們可買二張來回機票到日本，我于八月二號可抵東京，你們亦可于那時來。到日本有人招待，不要用許多錢。你現在可與安兒到移民局去領二表，塡好後連外一信同交去，大約一週卽可得回港證，不過費四十八元，如將來簽證等事辦不通，或因故不能去，亦不過損失四十八元而已。移民局的手續不難辦，香港汽車司機都知道移民局之地址，到了卽上二樓進去，向左直入有一華人領申請表處，將身份證、連信與之一看，卽可發表格，表格帶回逐項照塡，其中關于赴日的一項，可只塡 To see my husband and pass summer vacation with him，安兒的改 husband 爲 father 就是，留日時間假定二月，與移民局之信我照伍先生前所寫之格式擬一個，你照打好，加一信封，外寫 Immigration office，連像片三張，交去時如有未塡好之處，移民局之人會告訴你如何塡。

現在香港到日本旅行很方便，機上及船上都有說中國話的，來回機費大約不到美金二百元，船更便宜，重要的只是身體好，手續並不麻煩，少帶點東西，只當到沙田一趟，不要緊張就行了。

手續方面：一是回港證，一是簽證，一是牛痘證，一是到公司訂票，種痘即在彌敦道近樂宮戲院我前拔牙之處，須像片二張，只須半小時即可辦好，問題就是簽證較麻煩，待我寫信與日本朋友商量，如辦不通就不去，亦莫有大的損失，錢我寄給你連七月份薪大概夠了。同時日本朋友望我在日停一些時日，並說招待你們去玩。你們不必與人提起去日本的事，以免驚動他人。匆候

安好　安兒均此

君毅　一九五九年七月八日

第八十八信

光妹：

外一信可加封寄香港大學 Registrar。

昨日與你一信說你與安兒到日本之事，現在重要的只是你身體莫有什麼不好卽可去玩玩，用錢莫有什麼關係，因此三千元港幣等于憑空多的，我來此實只講一點鐘，連路費已共得萬元多，此三千元用了算了。下年學校要加薪，以後不會有什麼經濟困難。你到移民局去取二張表照塡，一星期後可得回港證，卽可據之向日領事館辦簽證。我卽寫一信與和崎請其介紹，或請趙潛找一日本學生幫忙辦亦可，但須叮囑其不要張揚使人驚動。在此間之敎書者暑假與家中人出外渡假是常事，而我們去亦是日本人歡迎招待，亦不算浪費也。總之先辦好回港證再說，

填簽證表 Reference 一項，可填錢、伍二先生之名。匆候

安好

君毅　一九五九年七月九日

第八十九信

光妹：

方才至銀行滙款260美金與你，銀行的人說不要掛號故未掛號，你如二三日內未收到滙票可寫信告我，你得滙票後可直交上海商業銀行轉賬。日本友人和崎之介紹信不知到否。如辦簽證不成即不去日，以後總有機會去，現在天熱，遊覽亦不算很好，不過移民局回港證還是可辦在那裡，因其效有一年，又以後要到何處去再辦亦方便許多。

此間開會已二十二日，再有十八九日即完了，如此你們到日或我回香港，都莫有多久了。此間事不多，但常有應酬。中國人五人在此，有時請一人吃飯即附帶請其餘數人，此外還有對整個團體之招待。日前印度副總統來，彼是一有名之哲學家。在我們開會時，尚有人拍電影，不知香港可否看見。此外日前照有團體像等，以後可寄你一張，母親處望常寫信去。參加開會四十人中年齡亦有比我還小的約二三人，但大約是老人，鈴木八十九歲，講禪宗年最老。日前夏威夷大學送了三學位與中日印之代表中之長者，鈴木爲其一，中國人爲胡適，彼最小六十八歲，中國人中次長者爲吳經熊，此人中英文皆好。匆此不一，即候

安好

毅　一九五九年七月十三日

第九十信

光妹：

廿一、廿二之信均得。

日本領事館亦甚奇怪，我前次赴日並未要五百元美金作證，不過辦不通亦算了。本來在暑期去不甚好，我太遲回港亦不好，將來總有機會在春秋間去。

我定八月一號晚由此赴東京，在東京亦不再作講演等事，只看看朋友，已與公司洽現暫定乘七號夜十時 PAA 機返港，在八號凌晨到。

我在日可多少買點東西，如安安及你要買何物可寫一信交和崎轉我。

此間還有二次會卽完結，近來就是應酬比較多，未作什麼事，只是應人之約，寫了約二千字之英文文章，看點他人之論文。會中本安排有多處之遊覽，我亦未去。實際上在此間之人都說香港風景好，未去者都想到香港，平心論香港實亦不亞于此，不過人都賤近貴遠，厭舊喜新而已。檀香山不出產什麼特別東西，只買了一木水盂，二元多美金。即候

安好　安兒均此

毅兄　一九五九年七月廿八日

第九十一信

光妹：

我于昨晨抵此，亞細亞學會招待于一日本旅館，在五六號安排有一次講演，一次座談會，此外幾在此五日內皆有宴會。今定于七號夜十時三十分乘 PAA 返港，度于八號晨七八時可達。我在此尚好，此間朋友聞你與安兒要來，已擬定介紹若干女士與你與安安晤面，我說今已不能來，只有待諸將來。有若干晤面過之人士皆謂望我們以後能來。即候

安好

君毅　一九五九年八月四日

一九六二——六三（香港：廷光赴臺看護安兒）

第九十二信

光妹：

來信已收到，知已安抵，並知安兒傷勢已漸復原甚慰。你走後李國鈞每日均來，金媽作事亦特別細心，現學校已放假，我可休息數日，請一切勿念。

如安兒醫藥費不足，可打電話與徐聘三處，問哲學概論之書款尚有多少，可要其送來，如不足可向民評暫借。但復觀兄前所交一千元，如彼來臺北時，仍以交還爲是。

關于安兒讀書事，可細細問其興趣及其他情形決定，我意因此意外而降班亦不算恥辱，總之身體心情之健康要先恢復。其次應知此事之發生仍由安兒平日不謹愼之故，經此可得一莫大之教訓，如不以爲教訓，只怪及他人，則一切皆毫無意義了。匆候

安好　安兒均此

君毅　一九六二年十二月廿二日

第九十三信

光妹：

二十一日信已于前日收到，醫院頭等雖較貴，但在外住旅館還要更貴，且不方便，多用點錢不要緊。唯不知共約需多少錢一日，如徐聘三處不便借錢，我可向民評社借了寄來。

近日常有人來問安兒受傷事，日昨潘璞夫婦來謂讀化學系以後還有實驗，不如轉數學系物理系或其他系。曾履川謂彼曾勸安兒讀化學系，今受傷，彼頗引爲自咎云。又昨日鄭力爲結婚，同學亦都在問安兒。謝幼偉交來鍾傑君一信，今附上一閱，不知此圖所繪及其所說者是否事實，若然則要好好調養才是。此學期快要考試，今躭擱數星期課，以後定無法趕上，現在只好早作降一班的打算，安心養傷。至于以後轉何系病好再說。不過在病中如精神尚好仍宜看看書，否則精神馳散，胡思亂想亦不好。

現在放假，亦常有人來，但安安之小朋友徐自強、葉惠蘭等卻未來過，不知何故。即候

安好　安兒均此

君毅　一九六二年十二月廿六日

第九十四信

光妹：

十二月廿七信及安兒信均收到，安兒已能寫字自己吃飯甚慰。如灼傷處不能復原，需要移植皮膚，只有延長住院時間，本期課程只有犧牲。此間友人及同學，多謂安兒以後宜轉學讀文科，作降一年打算，或轉臺大他系，或回港暫在新亞傍聽，下期再讀新亞或考港大均可。不知你及安兒之意如何，可俟其傷復原，回港後仔細考慮。此時你可陪彼住臺，俟以後一齊回來。我在此處有金媽侍候，並時有人來看望，勿以爲念，金媽亦望你在臺一切放心。

關于安兒用度，在僑委原定規章內，政府要付一部份，自可節省一些，但不能希望臺大及僑委會額外負擔，因我只是暫時周轉上差一點，而政府及臺大方面，經費亦常拮据。以我們之收入情形而論，不當于此多所要求。開慶兄之意雖好，但約國大代表多人代爲要求，類同以情面相挾，頗爲不妥。外與開慶兄一函可轉致，並可于便中向其說明婉謝之意。匆候

安好　安兒均此

君毅　一九六三年一月二日

第九十五信

光妹：

何啓民帶來金門酒及肉鬆等皆收到。

十二日前由掛號信寄來美金四十元，不知收到否。

安安出院後如同至開慶兄家住，你可與之同住一時期，使心情鬆散一點。安兒受此次教訓，想性情可不如前之躁動，許多性格上的事，都要自己覺悟，才有辦法，只靠他人監督亦無用。人之性格最易受同學及朋友影響，總要善于自己擇友，如冬明便很好，可見安兒亦未嘗不能辨好壞。大約青年以純篤爲第一，其次便是要對自然對他人對一切好的東西，能發生感應。純篤是本質是體，能感應是生機是用，內心複雜與痲木無感應的人，都是不好的。

安安學化學的事，我無一定之成見，但無論學什麼，總要有眞興趣，只爲怕人說經不起挫折而學下去，亦不好。前日許經緯送東西來，他說臺大化學系對僑生不歡迎，對僑生分數亦打得尅，看許爲人尙好，不致說誑，如此次補考成績不合格，又無眞興趣，則不如轉系或與你一齊回來，先在新亞傍聽課。

我們現已有電話爲63071號，如有要事，可打電話來，你以後回來時亦可先打電話，或打電報告知。

安兒可與阿婆一信，說自己不愼受灼傷，並說卽可出院，以免其躭心。你最近之信已寄去。卽候

安好　安兒均此

君毅　一九六三年一月五日

第九十六信

光妹：

來信已收到，開慶兄亦有信來說安安在其處住的話，我想安兒如不回來，則你與他皆可在其處住一些時候，不必特爲我回來過年，你可斟酌決定。

關于安安是否讀化學系的事，我意是恐以後一直要作化學實驗，不如及早轉系，在臺大轉文學院或理科是一法，回來讀新亞或他校是一法。如他實要讀化學系，則以下期補考成績爲定，補考成績不算好，卽不要再讀了，如無興趣，以後亦讀不好，又讀化學是否可只讀理論化學，少作實驗。又一般實驗情形，危險性有多少，如純由一時疏忽之故，可以自己改正，如本來常有危險，則不如不讀。安安現在歲數不大，多讀數年書亦不要緊。

昨日謝太太乘船來臺，託其帶上美金百元，可查收。謝啓文處，于借到民評款時，即兌了百元去，想日內應已收到，餘俟後談，即候安好　安兒均此

君毅兄　一九六三年一月八日

第九十七信

光妹：

灼傷藥前日託人帶上不知收到否，啓元來一信，今寄上，上月底已寄去百元，是否還要寄點布去。

安兒動手術後怎樣，其來信已收到，他如不願轉系，則看補考成績如何來決定。我意是如成績不好，卽證明其興趣與才能不在此一方面，便不要勉強讀下去，只是因捨不得過去所花時間精力便勉強讀，則會如你所說會愈陷愈深，我看卽以此半年作一考驗，如成績不特別好，還是轉系爲宜。你或安安可寫兩個信封來。

又母親要我們的像，安安好一點卽在臺與你合照一像寄來，以便寄與母親。

即候
安好　安兒均此

君毅兄　一九六三年一月十八日

一九六四年（美國：參加夏威夷第四次東西方哲學學人會議）

第九十八信

光妹：

我與謝先生等于昨日上午十時抵夏威夷，當地二十六日十時約相當香港二十七日晨五時半。此次共行十二時，港到日三時半，在東京休息一時，由東京到檀香山七時半。有王太太之女及 Moore 等來接，卽至王家，昨夜睡眠尚好，希勿念。

王太太作看護工作，將其女兒之屋騰出與我及謝先生各住一間，白天他們都不在家。今日要彭子游等去買點東西弄午飯。早晚飯王太太作，以後午飯或者我們自己出去吃。

曉雲法師之畫于入境時海關檢查一定要問價錢若干，我說非賣品，無一定之價，後由我塡一表，擔保是其香港所畫，在此作開畫展用乃放行，未加扣留。據云以後要開畫展，須付租金，如要賣則可賣與畫商，不過我已對海關說非賣品。如要賣又不知其價若干，如何上稅，等以後問明再說。如要開畫展，要託專人辦理才行，便中可問曉雲法師是否在此可託一人辦理雜事，否則當問此間是否有人可代辦，或賣去一、二張畫之錢交他作酬勞，其畫之價若何，亦可問問。大約至少在一月後其畫軸可寄到，如我臨行前精神好，亦可代他開此畫展也。

王家之屋尚清靜，距大學只十餘分鐘路。哲學會後日開始。陳榮捷、方東美、吳經熊等皆已早到。校中同事遇見時均代我問候，我一時不寫信去。錢先生辭職事，不知下文如何，我不知實際情形之變化，說亦無用，你若有所聞亦可告我。

你之便秘是否已好些，如仍無效，可請醫生一看。安兒考試完畢後，暑假期長，不要把時間都浪費了，要依計劃看書，可看禮記及漢書傳記。古人說將漢書與史記比觀，可知作文之法，如史記多用散句，漢書多駢對。可知改散爲駢，改駢爲散之方。二書繁簡不同，可知刪繁就簡及化簡爲繁之道等。匆此卽候

安好

君毅兄　一九六四年六月廿七日

第九十九信

光妹：

上次一信想已收到，哲學會昨日晚已舉行開會典禮，今日卽正式開會，下午茶會一次，晚間正式會一次，以後每日均如此。此次之專門讀論文之會員，只三十人左右較上次爲少，但普通會員較上次爲多。臺灣本有二人，只來了一人，香港來二人。

此間之時間與香港不同，故睡眠不大好，但昨夜已較能適應。

王太太母女二人都在外作事，白天常無人，外面車聲亦少，所以還算清靜，吃飯早晚王太太準備，中午可到附近之館子吃飯，有中國菜，亦可自己烤麵包等吃，用電爐不算費事，生活上的事你可勿念。

同事們都未寫信，你可以打電話與楊張等先生說我託你代問候的話。錢吳二校長處，謝先生有信去，已代我問候了。系中之冷先生謝先生仍宜打電話去問候一聲。

此次哲學會之經費大皆檀香山華僑捐助，大約因此之故，每組皆由中國會員先宣讀論文。本週形上學組，今日由方東美先生先宣讀論文。知識論組下週起，由我先讀。再下週倫理組由謝幼偉先讀。論文讀完後，當時有約一小時之討論，過後亦可能在每日之茶會中有人問難。

簽約時說明是要來六星期，計八月八日完結，九號卽離此，或在日本留二、三日卽歸，匆此卽候

安好　安兒均此

君毅　一九六四年六月卅日

第一〇〇信

光妹：

你之二信及安兒之一信均得甚慰。

此間生活已漸習慣，睡眠亦較正常，勿念。

游雲山之畫展事，如彼能託人主持最佳，有些事我可要彭子游、陳特幫忙。哲系事務我已請冷先生暫代，我臨行時已與他說過錄取新生時不要求多，因系中先生太少。改日我再與之信說明轉學生亦不宜多的話，屆時你提醒我注意及此，並對冷先生加以提醒。

此間哲學會已開完一週另一日，昨日星期一由我宣讀論文一小時，討論一時半，大體上是順適，可謂已應付過去。上次方先生讀形上學之論文，頗引起爭辯，我昨日讀後則只有十餘人發問而已。今日下午尚有一咖啡茶會討論我之論文，但料人數不過昨日之四分之一，二、三十人更易應付，你們可勿念。錢先生辭職事我一直未與之通信，明後日當與他們寫信，希望一切不要弄得太僵才好。

王太太他們終日不在家，房子等于我與謝先生二人住。近日時有人請吃飯。張瑄亦在此，並將在夏大任教，匆此不一，即候

安好　安兒均此

君毅兄　一九六四年七月六日

第一〇一信

光妹：

七月八日信已收到，我之論文于此間之七月六日讀過，當天討論一小時半，第二天又討論一小時半，他們所提出之問題皆順利答復了，算比他人讀論文時所經之爭辯爲少，氣氛亦較和諧，他們幾個年輕人都說我之態度較好。

現在每天仍要開兩次會，晚上一次是正式的，下午一次是談話會，但下午一次可以不去，晚上一次我亦少說話，因其餘的人都爭著說。

沙田你們已去過甚好，到此後較清靜，但晚上睡眠多夢，不過白天事少，身體亦還好。

此地仍有一些應酬推不開，不過吃飯時間皆很短，菜亦不多，費時較少。

昨天已到航空公司定了位，離美之日是八月九日，大約在日本要停三、四日即回港。校中事我已與吳士選一信，見面時亦代我問候，即候安好　安兒均此

君毅兄　一九六四年七月十日

第一〇二信

光妹：

兩信及寄來報紙均收到。

吳士選、張葆恆曾寫信來望我早歸，我已寫信去說明此間哲學會主持人極固執，難答允早離。並說明回去無用的話。但我亦將我之意見告彼二人。又另函楊汝梅、蔡貞人說：「如錢先生能挽留下至佳，否則仍以休假方式由吳先生暫代任以後再繼任」的話。看來此時不能亟切得解決。目下依規定「即教員要辭職亦須六個月前通知學校，何況校長豈可說辭就辭」。你可便中問楊先生我與他信收到否，並將此意（六月之規定）告彼，以便他好說話，將此問題至少延擱一時間，再從容解決。

游雲山的畫已有幾張拿與人看過，如他能託人代辦展覽至佳，否則我只在夏威夷大學中設法租一室展覽，我已與人說了，但尚未回信，匆此即候

安好　安兒均此

君毅 兄　一九六四年七月十五日

第一〇三信

光妹：

十七日信收到。游雲山所介紹之 Miss Thomson 現不在此服務，已去華盛頓。其所寄畫軸，昨有人來電話，謂已到達。我已託人問大學中是否有人可代開畫展，今尚未回信。

大藏經後之三卷，不知已否寄到，只要以後能到，如本月中薪有餘，亦可將款付清再說。

二妹處你可寫信去說母親墓款既已多付，要到十月再付。此時我們兌去之款卽由他們用。暑天天氣熱，他們來往奔波，不要太過儉省至有害身體。

我這裏共發了七百八十元美金，現才用六十元，將來付王太太之款後，當可賸四百美元左右，到日本將去買書道大全，尚可賸一、二百美金帶回。此間房屋是木板，空氣頗流通，廚房用電，你可不必慮煤氣的事。冷先生處我已有二信去說輔系學生之取錄可稍寬，本系則從嚴，想彼必可收到也。匆候

安好　安兒均此

君毅　兄　一九六四年七月廿日

第一〇四信

光妹：

那天到城中訪中華新報及此間之一中國佛教會，佛教會可為游雲山開畫展三日，但須由我請中英文報紙為之發消息，此事已託彭子游擬稿，再由我託人寄報館。

佛經之後三卷已寄來否，先付款與否，你可斟酌決定，付與不付皆可，但最好一問游雲山，臺灣有無回信，是否必可寄來。

楊先生之信已收到，學校中錢、吳二校長于開董事會後曾發來一電，但彼等望在吳先生來美之數月中，由我或蕭約代校務，我已回電說可由蕭約代，實則楊先生亦可代，不過他們之電未提到楊先生，蕭約為人尚好，代五個月亦不會害事也。

我已定下月九日卽離此，大約在日本不過二、三日，只去買買書，我與謝先生已函岸陽子及另一在新亞之日本學生來接。

近來在此住之華人常約吃飯，亦不好不去。

四妹他們是否已定去蘇州。

安兒在暑中是否讀點書，可以陪他去買點他要買的書，匆此不一卽候

安好

君毅兄　一九六四年七月廿八日

第一〇五信

光妹：

來信收到，我定下月九日卽離此到日本，躭擱數日卽歸，也許在日本不躭擱卽直接回港，以後再決定。

孫鼎宸有信來要哲學會資料，你可打一電話與之說以後可帶一點中文資料回來。

游雲山畫展已託人在報上登消息，定後日開始展覽三日，彭子游等可代為招待。

有一印度教授 Chande 要經過香港，因他知上次另一印度教授過港，李國鈞帶他去買的東西很便宜，所以他亦想國鈞帶他買一點東西，此人比較好，向我說了兩次亦難推掉，所以我要彼于十四日抵港時打電話到家中，由安安接後問其住何處，再告國鈞帶他買一點東西，千萬不要招待，因印人很吝嗇。

安兒信亦收到，暑期能多看看書甚好。

王太太的龍井茶，我們幫他吃完了，你問國鈞可否郵寄一、二斤較好的龍井茶給他，直寄 Mrs. Wang Shu-Ling, No.2456, Coyne S t. Honolulu, Hawaii。我擬送王太太一些房租費及伙食費，但謝先生不肯多送，一般人大概皆樂取而吝予也。即候

安好

君毅　兄　一九六四年七月卅一日

第一〇六信

光妹：

我定後日九號下午十二時半乘 PAA A2 班機至東京，計到東京為十日下午三時半，原定十七日下午四時三十分由東京至港，但大約將早二日離東京，屆時電告或航信告你，同行有方東美先生、謝先生、黃小姐、陳特。黃小姐為一老小姐在美教哲學，彼因休假將在香港住三月，託我們為代覓屋，可請李國鈞便中注意。

游雲山之畫展，共三日，參觀者約有二、三百人，不算很多，據云近年來中國人到此間開畫展者已多，一般人都看慣了。游之畫亦有人問是否賣，我將其所定之底價至少美金百元告知，他們說太貴，佛教總會之祖印法師亦以為太貴。在畫展中遇見一祖先為奧人兼通東西音樂之美國音樂家，為一佛教信徒，彼七年前曾在香港演奏，去年在台與梁在平合奏。彼將作環球旅行演奏，明年春到港，願以演奏所得捐獻佛教文化藝術會，但要佛教文化藝術會為代辦演奏事務，此人甚有趣味，可能與游雲山有緣。台灣一中國劇團來檀香山表演，亦是由他先負責八千美元之開支，然後得來此的。

彭子游已獲准在夏大任助教兼讀學位，一年獎學金二千五百元，要九月才起薪，他幫忙作了許多畫展的事，我與他一百美金用。我亦為他介紹一些人相識，他多才藝，在此當不難設法兼點工作以養家。

王太太處，我與謝先生共與以禮金四百五十元，我初以為太少，但他已很高興，視為意外財喜。他很愛錢，我初來時，他在夜間亦為人作看護工作，一小時可得二元左右，他在此任五年看護，已買了二房子，但還是愛錢。即候

安好　安兒均此

君毅兄　一九六四年八月七日

第一〇七信

光妹：

我于九日下午十二時半離夏威夷，飛八小時到東京爲十日下午三時半，有新亞研究生及商學院同學與一亞細亞大學教授同來接，現住第一旅館，尙淸靜有冷氣亦不算熱，但東京生活較美國尤高，方先生與陳特明晨去京都，十三日下午四時乘PAA機來香港，你與張儀尊或李國鈞，可一去接。我已改十七日爲十四日回港，但是上午或下午尙未定，方先生陳特先到，你一問便知，匆此不一。卽候安好

君毅兄　一九六四年八月十日

第一〇八信

光妹：

我已去改飛機票定乘 PAA 十四日下午四時三十分由此起飛，七時四十分可抵港。即候

安好

君毅 一九六四年八月十一日

一九六五年（韓國：應邀出席韓國高麗大學六十週年紀念學術會議）

第一〇九信

光妹：

到此時與你一信收到否？此間開會已過三日，每日上下午都要開三時二十分的會議，夜間又或有宴會，所以很忙，正式會議後日卽可結束。以後是參觀圖書館及板門店。我之論文昨日已讀過，題目與張君勱先生的題目巧合，但內容不同。我文之內容重在講學之現代社會文化意義，張先生文重哲學方面，大約在會場上發言者皆對我們有反對懷疑之意，其中以美國人與韓國人爲多，但不在場發言而事後與我們談者亦有不少贊成者。

據云一些韓國人因感受壓迫太多，故欲重寫歷史，因而對已往所接受中國文化儒家思想亦有懷疑之意云。但韓國另有一成均館之儒教大學及有一佛教大學，會後當去一看。

昨天韓國國樂院招待看國樂演奏一小時，樂隊全是古衣冠，樂器是金石絲竹匏土革木齊奏，張君勱先生極爲嘆賞。我擬買一錄音片及照片帶回來。

高麗大學初爲私立，昨夜在創辦人之墓園前，董事會有一宴會，創辦人之未亡人已約八十歲亦在其處招待，此一老太太氣象甚好，少年時曾參加對日革命，並將其十三子女都一一教養成人云。

我在此住多久尚未定，會後擬去二圖書館，如他處莫有的書須看，即多住數日，否則即到日本。如此住久一點即不去日本，或早點回港。安兒考試完畢莫有？暑假時間長，看書亦應有點計劃，不然只是混過去了。

我們開會之地點在郊外山上一旅館中，聞近數日有韓國學生遊行，但不如外間所傳之嚴重，你們不必躭心。

旅館中有淋浴很方便，我有時每日晨晚淋浴共兩次，同事們見面代我問候，
我一律未寫信。即候
安好　安兒均此

君毅兄　一九六五年七月一日

第一一〇信

光妹：

昨日搬進城中住半島旅館。我來此曾與你兩信收到否？此間會已結束，今日擬與其他人同去板門店參觀，明後日去其他二大學。據云一大學有一圖書館藏古書甚多，我或在此多留一些時間。以前我們對韓國不大了解，其實自漢、唐、宋、明以來，韓國之文化根基甚深，有些書亦應看一看。

此間之紙已請人買了一些寄回，高麗參亦買了二盒，此外織綿及他物都擬買一點。此間旅館較貴，你可寄美金支票一百元用掛號信交漢城高麗大學亞細亞問題研究所李相殷教授轉我，但最好是預備萬一我離此地時仍可轉回香港兌現的支票，大約是支票上寫我的名字便可在我回港時取。

韓國的飯菜與中國更相近，較日本為好，老式飯館亦在地板上坐，但不用席。韓國人喜吃辣椒。我又在此發現一菜，其味絕類冬莧菜名冬葵，也許即一物，擬託人去買一些辣椒種子及冬葵種子帶回，可以在家中種。

韓國人外表較沉潛，而感情易激動，在某一情形下有豪俠慷慨之風，古稱燕趙多悲歌慷慨之士，韓國亦近燕。上次李承晚垮臺，是學生革命，其副總統全家自殺，此副總統是不得民心，但全家自殺亦不容易。此一民族受壓迫苦難太多，其人民在外國之表現不十分好，但此一次會議辦得不錯，或為韓國之人民與文化重新被認識估價之開始。許多西方人提議應再開第二次會議，但不知能如願否。

大約韓國人與日本人對中國人均好，但日韓之間之誤會仍深，只能望逐漸剷除，中國人于此亦當負一部份責任。中國人對世界之責任應由近及遠，故我對日本人韓國人較好，次印度，次歐美。即候

安好　安兒均此

君毅兄　一九六五年七月三日

第一一一信

光妹：

你五日的信前日收到甚慰。

我與你三信收到否？我于六日後遷至大元旅館，較原住者價少十倍，一日不過美金一元，亦很乾淨，只是地點較僻。但附近有一華僑學生之家可以照護，並可同出去購物等。

此間有一些舊書店，有一些書中國無法購者，此間尚可買，我已買了近三百册書，及字帖三四十種，字帖好壞不齊，其中有些拓本，不過只合港幣六七元一册。全部之書，用了百四十元美金左右，你之錢如已兌來，俟收到後當再去買點書及其他什物，否則亦夠用了。

此間之舊式宮殿甚多，已去看了不少，但皆有一點荒涼景像。韓國之飲食，每飯有泡菜與辣椒，與四川口味相近，所以我還吃得慣。我在此亦時有人來訪。成均館大學是世界唯一之標名的儒教大學，學校要我去作一次講話定在十六號。十七號或到南部慶州，看看唐代的廟宇。大約十九號或廿號即離此，如到日本亦只住二、三日，因韓日尚未建交，此間不能辦日本簽證，不過到日旅客在七十二小時內，可不辦簽證，故或去日二、三日，但如日本方面無人先定旅館即不去了。

漢城人口約三百萬，但地較香港爲寬平，又街上之灰較多，馬路亦不大平，不過韓國人對中國人頗好。教授之待遇甚少而請客之招待頗厚，此亦有古風。韓日建交事，因韓人對日人感情不好，故多反對，報上載此事說得很嚴重，我在此並不大感覺。

數日前曾去板門店一次，到聯軍與共軍會議室坐了一陣，目下雙方仍時在會談，我們在室中時，窗外亦有共軍走過。即祝

安好　安兒均此

君毅兄　一九六五年七月十四日

第一一二信

光妹：

八日信已收到，錢已取出，又買了一些書，已由高登河寄了五大包，共五十公斤至新亞書院，但彼未寫我之名字，彼另有一函與馬駿聲說明，你便中可告馬駿聲說高登河所寄之書是我的，想此書或要二旬後才能到。

連日此間都下雨，明日或與高登河去南部慶州一看，我想在下星期三廿一號，如有直搭飛機便回港，否則二十二、三日由日本轉港，如你們未收到信，我自己會雇車回家。即候

安好

君毅兄　一九六五年七月十六日

第一一三信

光妹：

前日上一函收到否。

此二日因下雨，到慶州計劃遲了二日，擬今日下午先到太邱，明日轉慶州，故廿一日不必能離此返港，又是否在日留二日亦未定，你們不要望，也許二十一日回來，也許遲數日。

此地人參很多，一般待客皆用人參茶，菜場上亦有賣人參者，但好的價仍不賤，我買了一斤半及若干人參茶帶回。又此間人皆喜牛肉，我亦買了牛皮包等物，朋友亦送了一些東西，可能行李要過重，我還買了些古文學書，安兒可用。

匆此，即候

安好　安兒均此

君毅兄　一九六五年七月十八日

國家圖書館出版品預行編目資料

致廷光書

唐君毅著；謝方回編. – 校訂版. – 臺北市：臺灣學生，民 79
面；公分 –(唐君毅全集；卷 25)

ISBN 978-957-15-0084-3(平裝)

1. 唐君毅 – 通信，回憶錄等

782.886

唐君毅全集 卷二十五

致廷光書

著作者：唐君毅
編者：謝方回
出版者：臺灣學生書局有限公司
發行人：楊雲龍
發行所：臺灣學生書局有限公司
臺北市和平東路一段七五巷一一號
郵政劃撥戶：〇〇〇二四六六八號
電話：（〇二）二三九二八一八五
傳真：（〇二）二三九二八一〇五
E-mail: student.book@msa.hinet.net
http://www.studentbook.com.tw
本書局登記證字號：行政院新聞局局版北市業字第玖捌壹號
印刷所：長欣印刷企業社
新北市中和區永和路三六三巷四二號
電話：（〇二）二二二六八八五三

定價：新臺幣四五〇元

一九九〇年六月全集校訂版
二〇一六年五月全集校訂版二刷

78230

ISBN 978-957-15-0084-3(平裝)